逆轉思維
REVERSE THINKING

Change your mind
and
the problems will be solved

博文 ——— 編著

換一個角度思考,換一種方式努力。

前 言

　　有這樣一則故事，說的是兩個鞋廠的推銷員，同時來到太平洋的一個島國推銷鞋。他們看到同一個事實：這裡的人不穿鞋。

　　A鞋廠的推銷員向總部發回資訊說：「這裡的人不穿鞋，鞋在這裡沒有市場。」然後他就失望地離開了這個島國。

　　B鞋廠的推銷員卻興奮地向總部發回資訊說：「這裡的人都還沒有穿鞋，有很好的市場前景。」然後他把一雙最好看的鞋送給島國的國王穿，這裡的人看到國王穿鞋，結果人人穿鞋。於是B鞋廠的推銷員在這裡開設了賣鞋的商店，結果，B鞋廠發財了。

　　同一個事實，卻產生兩種截然不同的結局。因為思維不同，看問題的角度不同，解決問題的方法不同，所以導致了兩種有天壤之別的出路。B鞋廠的推銷員正是運用了逆向思維，才取得了完全不一樣的結果。世界上還有很多事情，都可以運用逆向思維，而有不同的出路。

　　現實生活中，我們常常會看到，那些思路靈活、善於運用

逆向思維的人，總是比別人強，他們能賺更多的錢，有不錯的工作和良好的人際關係，身體健康，生活愉快，天天都過著高品質的生活，人生充滿了無限的趣味。而那些缺乏思考、不懂變通的人，雖然整天忙忙碌碌，卻總是窮於應對人生，過著入不敷出、捉襟見肘的生活。一生中，我們擁有許許多多選擇人生的機會，關鍵在於我們的頭腦中是否形成了正確的思路，並決心為之付出努力。一個善於運用逆向思維開拓新思路的人，一定是一個善於發現機會和勇於開拓創新的人。懂得運用逆向思維的人，比只會埋頭苦幹、不善思考的人更能獲得成功，也更容易過上稱心如意的生活。

這個世界上很多事情，只要你逆向思維，並下定決心去做，就一定能做到。大多數人認為不可能的事，少數人做到了，因此成功的總是少數人。大多數人遇到比較困難的事，就覺得無論如何也做不到，於是打起退堂鼓迴避問題，根本不去想有沒有解決的辦法。而那些取得成功的少數人不會被困難嚇倒，他們逆向思考，總能迎難而上，想辦法克服困難。成功者之所以在眾多的競爭者中一枝獨秀，就是因為他們擁有出奇制勝的逆向思維。

在競爭日趨激烈、節奏日益加快的今天，每天都會出現大量的錯綜複雜的問題，給人們的事業、工作、學習、生活等帶來壓力、障礙。要迅速有效地解決這些問題，就需要運用逆向思維。逆向思維，是對常規思維的否定和突破，它可以幫助我

們修正人生座標,最大限度地發揮自身的潛能,高效地解決擺在面前的各種問題,衝破事業、生活等人生困局,在洶湧的時代大潮中立於不敗之地。本書即旨在幫助讀者運用逆向思維找到成功的思路、塑造成功的心態、掌握成功的方法,在現實中突破思維定式,克服心理與思想障礙,確立良好的解決問題的思路,提高處理、解決問題的能力,把握機遇,能為人之不能為,敢為人之不敢為,從而開啟成功的人生之門。

目錄

前言 / 005

第一章　逆轉思維，就可以逆轉人生

逆轉思維是一種重要的思考能力 / 015
做一條反向游泳的魚 / 018
反轉你的大腦，問題迎刃而解 / 022
倒過來試試，困境往往會柳暗花明 / 026
反轉型逆轉思維：要想知道，打個顛倒 / 030
缺點逆用思維：將缺點變為可利用的優點 / 033
轉換型逆轉思維：換一個角度思考問題 / 036
反面求證：凡事都有對立面，你看哪面 / 038
如果找不到解決辦法，那就改變問題 / 041
人生的倒後推理：實現夢想不再遙遠 / 046

第二章　你與成功的最短距離，未必是直線

成功的門，用任何方式都能打開 / 053
逆轉思維能力越強，成功的機率就越高 / 056
上山的是好漢，下山的也是英雄 / 059
不做無謂的堅持，要學會轉彎 / 062

有一種智慧叫「彎曲」/ 065

改變世界，從改變自己開始 / 069

人生處處有死角，要懂得轉彎 / 072

方法錯了，越堅持走得越慢 / 075

換個角度，世界就會不一樣 / 078

繞個圈子，避開釘子 / 080

懂得變通，不通亦通 / 083

第三章　一切阻礙都是線索，所有陷阱都是路徑

換個角度，困境本身就是出路 / 089

變通，走出人生困境的錦囊妙計 / 092

過分執著無異於故步自封 / 096

人生沒有絕境，只有絕望 / 101

跌倒後不急於站起來 / 104

禍福相依，悲痛之中暗藏福分 / 107

化困境為一種歷練 / 110

磨礪到了，幸福也就到了 / 112

第四章　吃虧是福，佔便宜是禍

不怕吃虧的「笨蛋」是真正的聰明者 / 117

塞翁失馬，焉知非福 / 120

與人分享，最後讓自己也幸福 / 122

不做虧本生意，吃小虧賺大便宜 / 125

眼光放遠，吃眼前虧換長線利 / 128

看準情況再投注，用大捨換大得 / 131

吃虧要吃在明處，得利要得在暗處 / 133

與他人爭執時，懂得後退一步 / 136

第五章　站到對方的位置，看到自己的問題

換位思維的藝術 / 143

由彼觀彼，而不是由己觀彼 / 146

為對方著想，替自己打算 / 150

站在對方立場說話，他才容易聽你的話 / 153

己所不欲，勿施於人 / 159

用換位思維使自己擺脫窘境 / 163

放大鏡看人優點，顯微鏡看人缺點 / 166

苛求他人，等於孤立自己 / 170

第六章　職場生存，笑到最後的人想得不一樣

努力很重要，借力更重要 / 175

沒有低調的歷練，哪來的一飛沖天 / 178

懂得退一步，才能進十步 / 181

最大的罪過是你比其他人「聰明」 / 184

不怕被「利用」，就怕你沒用 / 188

成功屬於沉得住氣的「傻子」們 / 192

不按常規出牌，將勝券抓在手中 / 196

繞開從眾誤區，不走尋常路 / 199

逆反求勝，守在競爭最激烈的地方尋找成功 / 202

第七章　生意好不好，思路比努力更重要

沒錢更要學會像富人一樣思考 / 207

思路決定「錢」途，行動創造「錢」景 / 211

借雞生蛋，借錢生錢 / 215

先用小錢賺經驗，再用經驗賺大錢 / 219

冷門處掘金，做生意也要有「個性」 / 222

善唱對台戲，利用對手進行宣傳 / 226

設計產品時，「要相信客戶都是懶人」 / 228

故意引發爭論，在公眾激烈的探討中深入人心 / 232

飢餓行銷：故意製造供不應求的假象 / 236

第一章

逆轉思維,
就可以逆轉人生

逆轉思維是一種
重要的思考能力

逆轉思維法又稱反向思維法，是指為實現某一創新或解決某一用常規思路難以解決的問題，而採用反向思維尋求解決的方法。它主要包括反轉型逆轉思維法、轉換型逆轉思維法、缺點逆用法和反推因果法。

逆轉思維法的魅力之一，就是對某些事物或東西，從反面進行利用。運用逆轉思維是一種創造能力。

逆轉思維就是大違常理，從反面進行探索問題和解決問題的思維。

南唐後主李煜派博學善辯的徐鉉到大宋進貢。按照慣例，大宋朝廷要派一名官員與其使者入朝。朝中大臣都認為自己辭令比不上徐鉉，誰都不敢應戰，最後反映到宋太祖那裡。

太祖的做法大大出乎眾人意料，命人找10名不識字的侍衛，把他們的名字寫上送進宮，太祖用筆隨便圈了個名字，說：「這人可以。」在場的人都很吃驚，但也不敢提出異議，只好讓這個還未明白是怎麼回事的侍衛前去。

徐鉉見了侍衛，滔滔不絕地講了起來，侍衛根本搭不上話，只好連連點頭。徐鉉見來人只知點頭，猜不出他到底有多大能耐，只好硬著頭皮講。一連幾天，侍衛還是不說話，徐鉉也講累了，於是也不再吭聲。

這就是歷史上有名的宋太祖以愚困智解難題之舉。

照一般的做法：對付善辯的人，應該是找一個更善辯的人，但宋太祖偏偏找一個不認識字的人去應對。這樣一來，反倒引起了善辯高手的猜疑，認為陪伴自己的人，是代表宋朝「國家級水準」的人，既猜不透，又不敢放肆。以愚困智，只因智之長處，根本無法發揮，這實際上是一種「化廢為寶」的逆轉思維方式。逆轉思維對經營或者技術發明同樣具有很大的創新意義。

1820年，丹麥哥本哈根大學物理學教授奧斯特，透過多次實驗證實存在電流的磁效應。這一發現傳到歐洲大陸後，吸引了許多人參加電磁學的研究。英國物理學家法拉第懷著極大的興趣重複了奧斯特的實驗。果然，只要導線通上電流，導線附近的磁針立即會發生偏轉，他深深地被這種奇異現象所吸引。當時，德國古典哲學中的辯證思想已傳入英國，法拉第受其影響，認為電和磁之間必然存在聯繫並且能相互轉化。他想既然電能產生磁場，那麼磁場也能產生電。

為了使這種設想能夠實現，他從1821年開始做磁產生電的實驗。幾次實驗都失敗了，但他堅信，從反向思考問題的方

法是正確的,並繼續堅持這一思維方式。

10年後,法拉第設計了一種新的實驗,他把一塊條形磁鐵插入一只纏著導線的空心圓筒裡,結果導線兩端連接的電流計上的指針發生了微弱的轉動,電流產生了!隨後,他又完成了各種各樣的實驗,如兩個線圈相對運動,磁作用力的變化同樣也能產生電流。

法拉第10年不懈的努力並沒有白費,1831年他提出了著名的電磁感應定律,並根據這一定律發明了世界上第一台發電裝置。

如今,他的定律正深刻地改變著我們的生活。

法拉第成功地發現電磁感應定律,是運用逆轉思維方法的一次重大勝利。傳統觀念和思維習慣常常阻礙著人們的創造性思維活動的展開,逆轉思維就是要衝破框框,從現有的思路返回,從與它相反的方向尋找解決難題的辦法。常見的方法是就事物的結果倒過來思維,就事物的某個條件倒過來思維,就事物所處的位置倒過來思維,就事物起作用的過程或方式倒過來思維。生活實踐也證明,逆轉思維是一種重要的思考能力,它對於人才的創造能力及解決問題能力的培養具有相當重要的意義。

做一條反向游泳的魚

當你面對一個史無前例的難題，沿著某一固定方向思考而不得其解時，靈活地調整一下思維的方向，從不同角度展開思考，甚至把事情整個反過來想一下，那麼就有可能反中求勝，摘得成功的果實。

宋神宗熙寧年間，越州（今浙江紹興）鬧蝗災。成片的蝗蟲像烏雲一樣，遮天蔽日。所到之處，禾苗全無，樹木無葉，一片蕭殺景象。當然，這年的莊稼顆粒無收。

當時，新到任的越州知州趙抃，就面臨著整治蝗災的艱巨任務。越州不乏大戶之家，他們有積年存糧。老百姓在青黃不接時，大都過著半飢半飽的日子，而一旦遭災，便缺大半年的口糧。災荒之年，糧食比金銀還貴重，哪家不想存糧活命？一時間，越州米價飛漲。

面對此種情景，僚屬們都沉不住氣了，紛紛來找趙抃，求他拿出辦法來。借此機會，趙抃召集僚屬們來商議救災對策。

大家議論紛紛，但有一條是肯定的，就是依照慣例，由官府出告示，壓制米價，以救百姓之命。僚屬們七嘴八舌，說附

近某州某縣已經出告示壓米價了,我們倘若還不行動,米價天天上漲,老百姓將不堪其苦,甚至會起事造反。

趙汴聽了大家的討論後,沉吟良久,才不緊不慢地說:「今次救災,我想反其道而行之,不出告示壓米價,而出告示宣布米價可自由上漲。」「啊?」眾僚屬一聽,都目瞪口呆,先是懷疑知州大人在開玩笑,而後看知州大人滿認真的樣子,又懷疑這位大人吃錯了藥,在胡言亂語。趙汴見大家不理解,笑了笑,胸有成竹地說:「就這麼辦。起草文書吧!」

官令如山倒,大人說怎麼辦就怎麼辦。不過,大家心裡都直犯嘀咕:這次救災肯定會失敗,越州將餓殍遍野,越州百姓要遭殃了!這時,附近州縣都紛紛貼出告示,嚴禁私增米價。若有違犯者,一經查出,嚴懲不貸。揭發檢舉私增米價者,官府予以獎勵。而越州則貼出不限米價的告示,於是,四面八方的米商紛紛聞訊而至。頭幾天,米價確實增了不少,但買米者看到米上市得太多,都觀望不買。然而過了幾天,米價開始下跌,並且一天比一天跌得快。米商們想不賣再運回去,但一則運費太貴,增加成本,二則別處又限米價,於是只好忍痛降價出售。這樣一來,越州的米價雖然比別的州縣略高點,但百姓有錢便可買到米;而別的州縣米價雖然壓下來了,但百姓排半天隊,卻很難買到米。所以,這次大災,越州餓死的人最少,受到朝廷的嘉獎。

僚屬們這才佩服了趙汴的計謀,紛紛來請教其中原因。趙

汴說:「市場之常性,物多則賤,物少則貴。我們這樣一反常態,告示米商們可隨意加價,米商們都蜂擁而來。吃米的還是那麼多人,米價怎能漲上去呢?」原來奧妙在於此。

很多時候,對問題只從一個角度去想,很可能進入死胡同,因為事實也許存在完全相反的可能。有時,問題實在很棘手,從正面無法解決,這時,假如探尋逆向可能,反倒會有出乎意料的結果。

有一個故事,主人公也是運用了逆轉思維的手法而取得了不錯的收益。

巴黎的一條大街上,同時住著三個不錯的裁縫。可是,因為離得太近,所以生意上的競爭非常激烈。為了能夠壓倒別人,吸引更多的顧客,裁縫們紛紛在門口的招牌上做文章。一天,一個裁縫在門前的招牌上寫上了「巴黎城裡最好的裁縫」,結果吸引了許多顧客光臨。看到這種情況以後,另一個裁縫也不甘示弱。第二天,他在門口掛出了「全法國最好的裁縫」的招牌,結果同樣招攬了不少顧客。

第三個裁縫非常苦惱,前兩個裁縫掛出的招牌吸引了大部分的顧客,如果不能想出一個更好的辦法,很可能就要成為「生意最差的裁縫」了。但是,什麼詞可以超過「巴黎」和「全法國」呢?如果掛出「全世界最好的裁縫」的招牌,無疑會讓別人感覺到虛假,也會遭到同行的譏諷。到底應該怎麼辦?正當他愁眉不展的時候,兒子放學回來了。當知道父親發

愁的原因以後，他笑著說：「這還不簡單！」隨後揮筆在招牌上寫了幾個字，掛了出去。

第三天，另兩個裁縫站在街道上等著看他們的另一個同行的笑話，但事情卻超出了他們的意料。因為，他們發現，很多顧客都被第三個裁縫「搶」走了。這是什麼原因？原來，妙就妙在他的那塊招牌上，只見上面寫著「本街道最好的裁縫」幾個大字。

在競爭日趨激烈的今天，人們更需要借助於非常規的思維方式來取勝。在上面的故事中，面對其他人提出的全城和全國的「大」，裁縫的兒子卻利用街道的「小」來做文章，並最終取得了勝利。因為在全城或者全國，他不一定是最好的，但在街道這個特定區域裡，他就是最好的，而這才是具有絕對競爭力的。

思維逆轉本身就是一種靈感的源泉。遇到問題，我們不妨多想一下，能否從反方向考慮一下解決的辦法。反其道而行是人生的一種大智慧，當別人都在努力向前時，你不妨倒回去，做一條反向游泳的魚，去尋找屬於你的道路。

反轉你的大腦，
問題迎刃而解

　　人一旦形成了某種認知，就會習慣地順著這種思維定式去思考問題，習慣性地按老辦法想當然地處理問題，不願也不會轉個方向解決問題，這是很多人都有的一種愚頑的「難治之症」。這種人的共同特點是習慣於守舊、迷信盲從，所思所行都是唯上、唯書、唯經驗，不敢越雷池一步。而要使問題真正得以解決，往往要改變這種認知，將大腦「反轉」過來。

　　美國的一座城市有座著名的高層大廈，因客人不斷增多，很多人常常被堵在電梯口。大廈主人決定增建一部電梯。電梯工程師和建築師為此反覆勘查了現場，研究再三，決定在各樓層鑿洞，再安裝一部新電梯。不久，圖紙設計好了，施工也已準備就緒。這時，一個清潔工人聽說要把各層地板鑿開裝電梯，便說：

　　「這可要搞得天翻地覆嘍！」

　　「是啊！」工程師回答說。

　　「那麼，這個大廈也要停止營業了？」

「不錯,但是沒有別的辦法。如果再不安裝一部電梯,情況比這更糟。」

「要是我呀,就把新電梯安裝在大樓外邊。」清潔工不以為然地說。

沒料到,這個「不以為然」的想法,竟成為世界上把電梯安裝在大樓外邊的「首創」者。

有人也許會問,論知識水準,工程師比清潔工高得多,可為什麼想不到這一點呢?說來也不奇怪。原來在這兩位工程師的心目中,樓梯不管是木質的、混凝土的還是電動的,都是建在樓內之梯。如今要新增電梯,理所當然也只能建在樓內。樓外,他們連想也沒想過。

清潔工人卻根本沒有這個框框。她所想的是實際問題:怎樣才能不影響公司正常營業,她本人也不至於失去工作。於是她便很自然地提出把新電梯建在樓外的想法。

言者無意,聽者有心。清潔工的一句話打破了兩位工程師的思維習慣,開通了他們的創新思路。世界上第一部大樓外安裝的電梯就這樣誕生了。

事實表明,一個人只要陷入思維定式,他的思維便會自我封閉。要想突破束縛和禁錮,提高自己的思維能力,就必須時刻注意反轉你的大腦。

有一家旅館的經理,對於旅館內的一些物品經常被住宿的旅客順手牽羊的事情感到頭痛,卻一直拿不出很有效的對策

來。

他囑咐屬下在客人到櫃檯結帳時，要迅速派人去房內查看是否有什麼東西不見了。結果客人都在櫃檯前等待，直到房務部人員查清楚之後才能結帳，不但結帳太慢，而且覺得面子上掛不住，下一次再也不住這家旅館了。

旅館經理覺得這樣下去不是辦法，於是召集了各部門主管，想想有什麼更好的法子，能制止旅客順手牽羊。

幾個主管圍坐在一起冥思苦想了一番。一位年輕主管忽然說：「既然旅客喜歡，為什麼不讓他們帶走呢？」

旅館經理一聽瞪大了眼睛，這是哪門子的餿主意？

年輕主管急忙揮揮手表示還有下文，他說：「既然顧客喜歡，我們就在每件東西上標價。說不定還可以有額外收入呢！」

大家眼睛都亮了起來，興奮地按計畫進行。

有些旅客喜歡順手牽羊，並非蓄意偷竊，而是因為很喜歡房內的物品，下意識覺得既然付了這麼貴的房價，為什麼不能取回家做紀念品，又沒明文規定哪些不能拿，於是，就故意裝糊塗拿走一些小東西。

針對這一點，這家旅館給每樣東西都標上了標價，並說明客人如果喜歡，可以向櫃檯登記購買。在這家旅館之內，忽然多出了好多東西，像牆上的畫、手工藝品、有當地特色的小擺飾、漂亮的桌布，甚至柔軟的枕頭、床罩、椅子等用品都有標

價。如此一來，旅館裡裡外外都佈置得美輪美奐，給客人們的印象好極了。

這家旅館的生意竟然越來越好了！

反轉大腦，要求我們深入考察問題，發現問題的根源所在。就像文中這位年輕的主管，他發現客人「順手牽羊」並非想佔便宜，而是真心喜歡旅館的裝飾品，那麼，解決的方法很簡單：明碼標價，賣給他們就行了。在平時的工作學習中，我們也不要讓自己陷入思維的死胡同，要懂得適時反轉自己的大腦，運用逆轉思維，以使問題獲得解決。

倒過來試試，
困境往往會柳暗花明

　　很多時候，你只從一個角度去想事情，很可能讓自己的想法進入死胡同，無法尋求到解決問題的有效方法。甚至有些時候，問題非常棘手，從正面或側面根本沒法解決。這個時候，如果你試著倒過來想，沒準就會有出乎意料的驚喜！

　　有這樣一個故事。

　　古時候，一位老農得罪了當地的一個富商，被其陷害關入了大牢。當地有這樣一項法律：當一個人被判死刑，還可以有一次抽籤的機會，只有生死兩籤，要麼判處死刑，要麼救下一命，改為流放。

　　陷害老農的富商，怕這個老農運氣好，抓到生籤，便決定買通制籤人，要兩籤均為「死」。老農的女兒探知這一消息，大為震驚，認為父親必死無疑。但老農一聽此事，反倒喜形於色：「我有救了。」執行之日，老農果然輕易得活，讓家人和陷害者大驚失色。

　　他用的是什麼方法呢？原來，當要抽籤時，老農隨便抓一

個往口裡一丟,說:「我認命了,看餘下的是什麼吧。」結果打開一看,確實是「死」。制鬮人自然不敢說自己造了假,於是斷定其所抓之鬮是「生」。老農死裡逃生。

這就是「倒過來想」的魅力!在遇到問題時,多從對立面想一想,既能把壞事變好事,又能發現許多創造的良機。

20世紀60年代中期,全世界都在研究製造電晶體的原料——鍺,大家認為最大的問題是如何將鍺提煉得更純。

索尼公司的江崎研究所,也全力投入了一種新型的電子管研究。為了研究出高靈敏度的電子管,人們一直在提高鍺的純度上下功夫。當時,鍺的純度已達到了99.9999999%,要想再提高一步,真是比登天還難。

後來,有一個剛出校門的黑田由子小姐,被分配到江崎研究所工作,擔任提高鍺純度的助理研究員。這位小姐比較粗心,在實驗中老是出錯,免不了受到江崎博士的批評。後來,黑田小姐發牢騷說:「看來,我難以勝任這提純的工作,如果讓我往裡摻雜質,我一定會幹得很好。」

不料,黑田小姐的話突然觸動了江崎的思緒,如果反過來會如何呢?於是,他真的讓黑田小姐一點一點地向純鍺裡摻雜質,看會有什麼結果。

於是,黑田小姐每天都朝相反的方向做實驗,當黑田把雜質增加到1,000倍的時候(鍺的純度降到了原來的一半),測定儀器上出現了一個大弧度的局限,幾乎使她認為是儀器出了

故障。黑田小姐馬上向江崎報告了這一結果。江崎又重複多次這樣的試驗，終於發現了一種最理想的晶體。接著，他們又發明出自動電子技術領域的新型元件，使用這種電子晶體技術，電子電腦的體積縮小到原來的1/4，運行速度提高了十多倍。此項發明一舉轟動世界，江崎博士和黑田小姐分別獲得了諾貝爾物理學獎和民間諾貝爾獎。

倒過來想就是如此神奇，看似難以解決的問題，從它的反面來考慮，立刻迎刃而解了。這種方法不只適用於科學研究，在企業經營中也能催生出一些好的策略。

北京某製藥企業剛剛生產出一種特效藥，價錢比較高，企業又沒有很多預算做廣告和促銷，所以銷量一直不是很高。有一天，企業在運貨過程中無意間將一箱藥品丟失，面臨幾萬元的損失。面對這樣一個突發事件，企業的領導層沒有簡單地懲罰當事人了事，而是將問題倒過來想，試圖從問題的反方向來解決，並迅速形成了一個意在行銷的決策：馬上在各個媒體上發表聲明，告訴公眾自己丟失了一箱某種品牌的特效藥，價值名貴，療效顯著，但是需要在醫生指導下服用，因此企業本著對消費者負責的態度，希望拾到者能將藥品送回或妥善處理而不要擅自服用。企業最終並沒有找到丟失的藥品，但是聲明過後，透過媒體、讀者茶餘飯後的口耳相傳，消費者對該藥品、品牌和企業的認知度與信賴感明顯提高。很快，藥品的知名度和銷量迅速上升，這個創意為企業創造的效益已經遠遠高於丟

失藥品導致的損失了。

　　「倒過來想」的方法可以拓展我們的思維廣度，為問題的解決提供一個新的視角。我們已經習慣了「正著想問題」的思維模式，偶爾嘗試著「倒過來想」，也許你會收到「柳暗花明又一村」的效果。

反轉型逆轉思維：
要想知道，打個顛倒

　　反轉型逆轉思維法是指從已知事物的相反方向進行思考，尋找發明構思的途徑。

　　「事物的相反方向」常常從事物的功能、結構、因果關係三方面做反向思維。

　　火箭首先是以「往上發射」的方式出現的，後來，蘇聯工程師米海依卻運用此方法，終於設計、研究成功了「往下發射」的鑽井火箭、穿冰層火箭、穿岩石火箭等，統稱為鑽地火箭。科技界把鑽地火箭的發明視為一場「穿地手段」的革命。

　　原來的破冰船工作的方式都是由上向下壓，後來有人運用反轉型逆轉思維法，研製出了潛水破冰船。這種破冰船將「由上向下壓」改為「從下往上頂」，既減少了動力消耗，又提高了破冰效率。

　　隧道挖掘的傳統方法是：先挖洞，挖過一段距離後，便開始打木樁，用以支撐洞壁，然後再繼續往前挖；有了一段距離後，再用木樁支撐洞壁，這樣一段一段連接起來，便成了隧

道。

這樣的挖法，要是碰上堅硬的岩石算是走運，一旦碰上土質疏鬆的地段，麻煩就大了。有時還會造成塌方而把已經挖好的隧道堵死，甚至會有人員傷亡。

美國有一位工程師解決了這一難題。他對原有的挖掘方法採取了「倒過來想」的思考方式，對挖掘隧道的過程採取顛倒的做法：先按照隧道的形狀和大小，挖出一系列的小隧道，然後往這些小隧道內灌注混凝土，使它們圍攏成一個大管子，形成隧道的洞壁。

洞壁確定以後，接下來再用打豎井的方法挖洞。實踐證明，這種先築洞壁、後挖洞的新方法，不僅可以避免洞壁倒塌，而且可以從隧道的兩頭同時挖掘，既省工又省時，效果非常顯著，世界上許多國家都採納了這一方法。

反轉型逆轉思維法針對事物的內部結構和功能從相反的方向進行思考，對於事物結構與功能的再造有著突出的作用。它的應用範圍很廣泛，商業辦公中常用的防影印紙便是這種思維方法下的產物。

格德納是加拿大一家公司的普通職員。一天，他不小心碰翻了一個瓶子，瓶子裡裝的液體浸濕了桌上一份正待複印的文件。文件非常重要。

格德納很著急，心想這下可闖禍了，文件上的文字可能看不清了。

他趕緊抓起檔來仔細查看，令他感到奇怪的是，文件上被液體浸染的部分，其字跡依然清晰可見。

當他拿去複印時，又一個意外情況出現了，複印出來的文件，被液體污染後很清晰的那部分，竟變成了一團黑斑，這又使他轉喜為憂。

為了消除文件上的黑斑，他絞盡腦汁，但一籌莫展。

突然，他頭腦中冒出一個針對「液體」與「黑斑」倒過來想的念頭。自從影印機發明以來，人們不是為文件被盜印而大傷腦筋嗎？為什麼不以這種「液體」為基礎，化其不利為有利，而研製一種能防止盜印的特殊液體呢？

格德納利用這種逆轉思維，經過長時間艱苦努力，最終把這種產品研製成功。但他最後推向市場的不是液體，而是一種深紅色的影印紙，並且銷路很好。

從上述案例可知，反轉型逆轉思維法在發明應用實踐中，有的是方向顛倒，有的則是結構倒裝，或者功能逆用。運用這種思維方法時，首要的是找準「正」與「反」兩個對立統一的思維點，然後再尋找突破點。像大與小、高與低、熱與冷、長與短、白與黑、歪與正、好與壞、是與非、古與今、粗與細、多與少等，都可以構成逆轉思維。大膽想像，反中求勝，均可收穫創意的「珍珠」。

缺點逆用思維：
將缺點變為可利用的優點

　　缺點逆用思維法是一種利用事物的缺點，將缺點變為可利用的東西，化被動為主動，化不利為有利的思維方法。

　　美國的「飯桶演唱隊」就是運用缺點逆用思維法，「炒作」自己的缺點，從而一舉成名的。

　　「飯桶演唱隊」的前身是「三人迪斯可演唱隊」，由三名肥胖得出奇的小夥子組成，演唱的題材大多是關於食品、吃喝和胖子等笑料，很受市民歡迎。有一次在歐洲演出，有家旅店的經理見他們個個又肥又胖，穿上又寬又大的演出服，簡直與三只大桶一般無二，於是嘲笑他們，建議他們創作一首「飯桶歌」唱唱，說這會相得益彰。經理本是奚落嘲弄，三個胖小夥也著實又惱又怒，但惱怒之後便興高采烈了。對，肥胖就肥胖，乾脆將「三人迪斯可演唱隊」改為「三人飯桶演唱隊」，而且即興創作了〈飯桶歌〉。第一天演唱便贏得了觀眾如雷的掌聲。三人錄製的《三個大飯桶》唱片，一上市便是10萬張，幾天即被搶購一空。

從這個故事可以看出來，缺點固然有其不足的一面，但發現缺點、認定缺點、剖析缺點並積極地尋求克服或者利用它的方法往往能創造一個契機，找到一個出發點。俗話說得好，有一弊必有一利，利弊關係的這種統一屬性，正是新事物不斷產生的理論和實踐基礎。

法國有一名商人，在航海時發現，海員十分珍惜隨船攜帶的淡水，自然知道了浩渺無垠的大海儘管氣象萬千，但大海中的水卻可望而不可喝。應當說，這是海水的缺點，幾乎所有的人都瞭解這一點。商人卻認真地注意起大海的這個缺點來，它鹹，它苦，與清甜的山泉相比，簡直不能相提並論，難道它當真只能被人們所厭惡？想著想著，他突發奇想，如果將苦鹹的海水當作遼闊而深沉的大海奉獻給從未見過大海的人們，又會怎樣呢？於是他用精巧的器皿盛滿海水，作為「大海」出售，而且在說明書中宣稱：烹調美味佳餚時，滴幾滴海水進去，美食將更添特殊風味。反響是異乎尋常的強烈，家庭主婦們將「大海」買去，盡情觀賞之後，讓它一點一滴地走上餐桌，她們為此樂不可支。

這種在缺點上做文章、由缺點激發創意的方法越來越廣泛地被應用，也取得了較好的結果。在運用此方法時，我們還應注意對缺點保持一種積極而審慎的態度，還可以嘗試使事物的缺點更加明顯，也許會收到物極必反的效果。

曾有個紡紗廠因設備老化，造成織出的紗線粗細不均，眼

看就要產生一批殘品,遭受到重大的損失,老闆很是頭痛。

這時,一位職員提出,不如「將錯就錯」,將紗線製成衣服,因為紗線有粗有細,衣服的紋路也不同尋常,也許會受到消費者的歡迎。

老闆覺得有道理,便聽從了職員的建議。果然,這樣製成的衣服具有古樸的風格,相當有個性,很受大眾的歡迎,推出不久便銷售一空。就這樣,本會賠本的「殘品」卻賣出了好價錢,獲得了更多的利潤。

其實,任何事物都沒有絕對的好與壞,從一個角度看是缺點,換一個角度看也許就變成了優點,對這一「缺點」加以合理利用,就可以收到化不利為有利的效果。

轉換型逆轉思維：
換一個角度思考問題

　　轉換型逆轉思維法是指在研究某一問題時，由於解決某一問題的手段受阻，而轉換成另一種手段，或轉換思考角度，以使問題順利解決的思維方法。

　　很久以前，還沒有發明鞋子，所以人們都赤著腳，即使是冰天雪地也不例外。有一個國家的國王喜歡打獵，他經常出去打獵，但是他進出都騎馬，從來不徒步行走。

　　有一回他在打獵時偶爾走了一段路，可是真倒楣，他的腳讓一根刺扎了。他痛得「哇哇」直叫，把身邊的侍從大罵了一頓。第二天，他向一個大臣下令：一星期之內，必須把城裡大街小巷統統鋪上毛皮。如果不能如期完工，就要把大臣絞死。一聽到國王的命令，那位大臣十分驚訝。可是國王的命令怎麼能不執行呢？他只得全力照辦。大臣向自己的下屬官吏下達命令，官吏們又向下面的工匠下達命令。很快，往街上鋪毛皮的工作就開始了，聲勢十分浩大。

　　鋪著鋪著就出現了問題，所有的毛皮很快就用完了。於

是，不得不每天宰殺牲口。一連殺了成千上萬的牲口，可是鋪好的街道還不到百分之一。

離限期只有兩天了，急得大臣消瘦了許多。大臣有一個女兒，非常聰明。她對父親說：「這件事由我來辦。」

大臣苦笑了幾聲，沒有說話。可是女孩堅持要幫父親解決難題。她向父親討了兩塊皮，按照腳的模樣做了兩只皮口袋。

第二天，女孩讓父親帶她去見國王。來到王宮，女孩先向國王請安，然後說：「大王，您下達的任務，我們都完成了。您把這兩只皮口袋穿在腳上，走到哪兒去都行。別說小刺，就是釘子也扎不到您的腳！」

國王把兩只皮口袋穿在腳上，然後在地上走了走。他為女孩的聰明而感到驚奇，穿上這兩只皮口袋走路舒服極了。

國王下令把鋪在街上的毛皮全部揭起來。很快，揭起來的毛皮堆成了一座山，人們用它們做了成千上萬雙鞋子，而且想出了許多不同的樣式。

許多人遇到問題便為其所困，找不到解決的辦法，實際上，如果能換個角度看問題，有時一個看似很困難的問題也可以用巧妙的方法輕鬆解決。這就需要我們在生活中培養這種多角度看問題的能力。

反面求證：
凡事都有對立面，你看哪面

某些事物是互為因果的，從這一方面，可以探究到另一與其對立的方面。

據說愛因斯坦設計過一個智力測驗的題目。

有一個商人，想要雇用一名得力的助手，他想到了一個測試方法，由前來應聘的兩位應聘者之中，選擇一位最聰明的人作為助手。

他讓Ａ和Ｂ同時進入一間沒有窗戶，而且除了地上的一個盒子外，空無一物的房間內。商人指著盒子對兩個人說：「這裡有五頂帽子，有兩頂是紅色的，三頂是黑色的，現在我把電燈關上，我們三個人從盒子裡每人摸出一頂帽子戴在頭上，戴好帽子打開燈後，你們要迅速地說出自己所戴帽子的顏色。」

燈打開後，兩人都看到商人的頭上是一頂紅帽子，又對望了一會兒，都遲疑地不敢說出自己頭上的帽子是什麼顏色。

忽然，Ｂ大叫一聲：「我戴的是黑帽子！」為什麼呢？

商人的頭上是頂紅帽子，那麼就還剩下一頂紅帽子和三頂

黑帽子。B見A遲疑著無法立刻說出答案，所以就認定了自己頭上是頂黑帽子。因為如果B頭上是頂紅帽子，那麼A就會馬上說他頭上戴的是黑帽子，怎麼會遲疑呢？

B假定自己頭上戴的是紅帽子，但是發現對方在遲疑，於是得到了答案。

這個推理就是由結果向前推的逆轉思維，這種方法在發明創造方面也發揮著重要的作用。

1877年8月的一天，美國大發明家愛迪生為了調試電話的送話器，在用一根短針檢驗傳話膜的振動情況時，意外地發現了一個奇特的現象：手裡的針一接觸到傳話膜，隨著電話所傳來聲音的強弱變化，傳話膜產生了一種有規律的顫動。這個奇特的現象引起了他的思考，他想：如果倒過來，使針發生同樣的顫動，不就可以將聲音復原出來，不也就可以把人的聲音貯存起來嗎？

循著這樣的思路，愛迪生著手試驗。經過四天四夜的苦戰，他完成了留聲機的設計。愛迪生將設計好的圖紙交給機械師克魯西後不久，一台結構簡單的留聲機便製造出來了。愛迪生還拿它去當眾做過演示，他一邊用手搖動鐵柄，一邊對著話筒唱道：「瑪麗有一隻小羊，牠的絨毛白如霜……」然後，愛迪生停下來，讓一個人用耳朵對著受話器，他又把針頭放回原來的位置，再搖動手柄，這時，剛才的歌聲又在這個人的耳邊響了起來。

留聲機的發明，使人們驚嘆不已。報刊紛紛發表文章，稱讚這是繼貝爾發明電話之後的又一偉大創造，是19世紀的又一個奇蹟。愛迪生的成功，就在於他有了這樣一種互為因果的思路：聲音的強弱變化使傳話膜產生了一種有規律的顫動，如果倒過來，使針發生同樣的顫動，就可以將聲音復原出來，因而也就可以把聲音貯存起來！

這實際上是一種互為因果的反面求證法。當我們遇到同樣情況的時候，就可以嘗試從反面來推其因果，說不定也會有類似的創造成果產生。

如果找不到解決辦法，
那就改變問題

　　一件事情如果找不到解決的辦法怎麼辦？一般的人也許會告訴你：「那只能放棄了。」但善於運用逆轉思維的傑出人士卻會這樣說：「找不到辦法，那就改變問題！」

　　在19世紀30年代的歐洲大陸，一種方便、價廉的圓珠筆在書記員、銀行職員甚至是富商中流行起來。製筆工廠開始大量生產圓珠筆。但不久卻發現圓珠筆市場嚴重萎縮，原因是圓珠筆前端的鋼珠在長時間的書寫後，因摩擦而變小，繼而脫落，導致筆芯內的油洩漏出來，弄得滿紙油漬，給書寫工作帶來了極大的不便。人們開始厭煩圓珠筆，不再用它了。

　　一些科學家和工廠的設計師為了改變筆筒漏油這種狀況，做了大量的實驗。他們都從圓珠筆的珠子入手，實驗了上千種不同的材料，以求找到壽命最長的「圓珠」，最後找到了鑽石這種材料。鑽石確實很堅硬，也不會漏油，但是鑽石價格太貴，而且當油墨用完時，這些空筆芯怎麼辦？

　　為此，解決圓珠筆筆芯漏油的問題一度擱淺。後來，一個

叫馬塞爾・比希的人卻很好地將圓珠筆做了改進，解決了漏油的問題。他的成功是得益於一個想法：既然不能延長「圓珠」的壽命，那為什麼不主動控制油墨的總量呢？於是，他所做的工作只是在實驗中找到一顆「鋼珠」在書寫中的「最大用油量」，然後每支筆芯所裝的「油」都不超過這個「最大用油量」。經過反覆的試驗，他發現圓珠筆在寫到兩萬個字左右時開始漏油，於是就把油的總量控制在能寫一萬五六千個字。超出這個範圍，筆芯內就沒有油了，也就不會漏油了，結果解決了這個大難題。這樣，方便、價廉又「衛生」的圓珠筆又成了人們最喜愛的書寫工具之一。

馬塞爾・比希發現解決足夠結實又廉價的「圓珠」這個問題比較困難，便將問題轉換為控制「最大用油量」，運用逆轉思維使原本棘手的問題得到了巧妙的規避，並且不需要耗費多大的精力和財力。

某樓房自出租後，房主不斷地接到房客的投訴。房客說，電梯上下速度太慢，等待時間太長，要求房主迅速更換電梯，否則他們將搬走。

已經裝修一新的樓房，如果再更換電梯，成本顯然太高；如果不換，萬一房子租不出去，更是損失慘重。房主想出了一個好辦法。

幾天後，房主並沒有更換電梯，可有關電梯的投訴再也沒有接到過，剩下的空房子也很快租出去了。

為什麼呢？原來，房主在每一層的電梯間外的牆上都安裝了很大的穿衣鏡，大家的注意力都集中到自己的儀表上，自然感覺不出電梯的上下速度是快還是慢了。

更換電梯顯然不是最佳的解決方案，但問題該怎麼解決呢？房主也運用逆轉思維改變了問題，將視角從「換不換電梯」這一問題轉換到了「該如何讓房客不再覺得電梯慢」，問題變了，方案也就產生了，轉移大家的注意力就可以了。

無論你做了多少研究和準備，有時事情就是不能如你所願。如果盡了一切努力，還是找不到一種有效的解決辦法，那就試著改變這個問題。

彼得・蒂爾在離開華爾街重返矽谷的時候學到了這一課。

當時，互聯網正飛速發展，無線行業也即將蓬勃發展，於是，彼得與馬克斯・萊夫欽一起創辦了一家叫Field Link的新公司。

這兩位創業者相信，無線設備加密技術會是一個成長型市場。但是，他們老早就碰到了問題，最大的障礙是無線營運商的抵制。儘管營運商知道移動設備加密的必要性，但是Field Link是一個名不見經傳的新企業，沒有定價權，也沒有討價還價的籌碼，而且有許多其他公司試圖做這一行，所以Field Link對營運商的需要超過了營運商對它的需要。

另一個問題是可用性。早期的無線瀏覽器很難使用，彼得和馬克斯在這上面無法找到他們認為顧客需要的那種功能。這

些挫折將他們引入了一個新的方向。他們不再試圖在他們無法控制的兩件事,即困難的無線介面和無線營運商的集權上抗爭,轉而致力於一個更簡單的領域——透過E-mail進行支付。

當時,美國有1.4億人有E-mail,但是只有200萬人有能聯網的無線設備。除了提供更大的潛在市場外,E-mail方案還消除了與大公司合作的必要性。同樣重要的是,E-mail使他們能夠以一種直觀而容易的形式呈現他們的支付方案,而用無線設備上的小螢幕無法做到這一點。

他們將公司的名字改成PayPal,推出了一項基於E-mail的支付服務。為了啟動這項服務,彼得決定,只要顧客簽約使用PayPal,就給顧客10美元的報酬;每推薦一個朋友參加,再給10美元。「當時這樣做看起來簡直是瘋了,但這是擁有顧客的一個便宜法子。」他解釋說,「而且我們擁有的這類顧客其實價值更大,因為他們在頻繁使用這個系統。這要比透過廣告宣傳得到100萬隨機顧客要好。」

PayPal迅速取得了成功。在頭6個月裡,有100多萬人簽約使用這項新的支付服務。由於容易使用,介面友好,PayPal迅速成為eBay上的支付系統,急遽發展起來。一年後當他們決定關掉無線業務的時候,有400萬顧客在使用PayPal,而只有1萬顧客在使用其無線產品。儘管eBay內部有一個名為Billpoint的支付服務,但PayPal仍然是線上支付領域無可爭議的領袖。PayPal後來上市了,eBay最終以15億美元買下了

PayPal。如果彼得和馬克斯堅持他們最初的計畫，故事的結局就會截然不同了。

　　為問題尋找到合適的解決辦法是通常所用的正向思維思考方式，但是，當難以找到解決途徑時，實際上，也許最好的解決辦法就是將問題改變，改變成我們能夠駕馭的、善於解決的，這也是逆轉思維的巧妙運用。

人生的倒後推理：
實現夢想不再遙遠

　　每個人在兒時都會種下美好夢想的種子，然而有的夢想能夠生根、發芽、開花、結果，而有的夢想卻真的成了兒時的一個夢，一個永遠也實現不了的夢。

　　為什麼會有這樣的區別呢？我們拋卻成功的其他因素，會發現，有沒有一個合理的計畫是決定成敗的一個關鍵因素。

　　也許有人會說，夢想是遙遠的，我又怎能知道自己具體要做什麼才能達到目標呢？那麼，不妨常常使用逆轉思維，將你的目標倒掛，對理想進行倒後推理。

　　曾經創下空前的震撼與模仿熱潮的歌手李恕權，是唯一獲得葛萊美音樂大獎提名的華裔流行歌手，同時也是「Billboard雜誌排行榜」上的第一位亞洲歌手。他在《挑戰你的信仰》一書中，詳細講述了自己成功歷程中的一個關鍵情節。

　　1976年冬天，19歲的李恕權在休士頓太空總署的實驗室裡工作，同時也在休士頓大學主修電腦。縱然學習、睡眠與工作幾乎佔據了他大部分時間，但只要稍微有多餘的時間，他總

是會把所有的精力放在音樂創作上。

一位名叫凡內芮的朋友在他事業起步時給了他最大的鼓勵。凡內芮在德州的詩詞比賽中不知得過多少獎牌。她的詩作總是讓他愛不釋手，他們合寫了許多很好的作品。

一個星期六的早上，凡內芮又熱情地邀請李恕權到她家的牧場烤肉。凡內芮知道李對音樂的執著。然而，面對那遙遠的音樂界及整個美國陌生的唱片市場，他們一點門路都沒有。他們兩個人坐在牧場的草地上，不知道下一步該如何走。突然間，她冒出了一句話：

「想想你五年後在做什麼。」

她轉過身來說：「嘿！告訴我，你心目中『最希望』五年後的你在做什麼，你那個時候的生活是一個什麼樣子？」他還來不及回答，她又搶著說：「別急，你先仔細想想，完全想好，確定後再說出來。」李恕權沉思了幾分鐘，告訴她說：「第一，五年後，我希望能有一張唱片在市場上，而這張唱片很受歡迎，可以得到許多人的肯定。第二，我住在一個有很多很多音樂的地方，能天天與一些世界一流的樂師一起工作。」凡內芮說：「你確定了嗎？」他十分堅定地回答，而且是拉了一個很長的「Yes──」！

凡內芮接著說：「好，既然你確定了，我們就從這個目標倒算回來。如果第五年，你有一張唱片在市場上，那麼你的第四年一定是要跟一家唱片公司簽上合約。那麼你的第三年一

定是要有一部完整的作品,可以拿給很多很多的唱片公司聽,對不對?那麼你的第二年,一定要有很棒的作品開始錄音了。那麼你的第一年,就一定要把你所有要準備錄音的作品全部編曲,排練就位準備好。那麼你的第六個月,就是要把那些沒有完成的作品修飾好,然後讓你自己可以逐一篩選。那麼你的第一個月就是要有幾首曲子完工。那麼你的第一個禮拜就是要先列出一整張清單,排出哪些曲子需要完工。」

最後,凡內芮笑著說:「好了,我們現在不就已經知道你下個星期一要做什麼了嗎?」

她補充說:「哦,對了。你還說你五年後,要生活在一個有很多音樂人的地方,然後與許多一流的樂師一起工作,對嗎?如果你的第五年已經在與這些人一起工作,那麼你的第四年照理應該有你自己的一個工作室或錄音室。那麼你的第三年,可能是先跟這個圈子裡的人在一起工作。那麼你的第二年,應該不是住在德州,而是已經住在紐約或是洛杉磯了。」

1977年,李恕權辭掉了太空總署的工作,離開了休士頓,搬到洛杉磯。說來也奇怪,雖然不是恰好五年,但大約可說是第六年的1982年,他的唱片在台灣及其他亞洲地區開始暢銷起來,他一天24小時幾乎全都忙著與一些頂尖的音樂高手一起工作。他的第一張唱片專輯《迴》首次在台灣由寶麗金和滾石聯合發行,並且連續兩年蟬聯排行榜第一名。

這就是一個五年期限的倒後推理過程。實際上還可以延長或縮短時間跨度，但思路是一樣的。

　　當你在為手頭的工作而焦頭爛額的時候，一定要停下來，靜靜地問一下自己：五年後你最希望得到什麼？哪些工作能夠幫助你達到目標？你現在所做的工作有助於你達到這個目標嗎？如果不能，你為什麼要做？如果能，你又應該怎樣安排？想想為達到這個目標你在第四年、第三年、第二年應做到何種程度？那麼，你今年要取得什麼成績？最近半年應該怎樣安排？一直推算到這個月、這個星期你應該做什麼。當你的目標足夠明確，按照倒後推理設置出的計畫行事，相信你距離實現夢想已不再遙遠。

第二章

你與成功的最短距離，未必是直線

成功的門，
用任何方式都能打開

魯迅曾說：「其實世上本沒有路，走的人多了，也便成了路。」從另一方面來說，生活中，只會盲從他人，不懂得另闢蹊徑者，將很難贏取屬於自己的成功和榮耀。

其實，不一定非要拘泥於有沒有人走過。人生的道路本來就有千條萬條，條條大路都能通向「羅馬」，每條路都是我們的選擇之一。所以一旦這條路行不通，不要猶豫，立即換一條路，即使這條道上行人稀少、環境惡劣，但這往往就是通向成功之路。行行出狀元，在無力接受某一課程時，千萬不要強求自己，否則只會越來越糟，耽誤時間不說，還誤了美好前程。

一位叫王麗的女孩，長得端莊、秀麗，她表姊是外商職員，收入頗高，工作環境也很好，她對王麗的影響很大。王麗也想走進這個階層，像表姊一樣找到外商的工作，過上優越的生活。無奈她的外語水準太差，單詞總是記不住，語法也總是弄不懂。馬上要面臨高考了，她想報考外語專業，可越著急越學不好。她整天想著白領階層的生活，不知不覺便沉浸其中。

她將所有時間都押在外語上了，其他科目全部放棄。由於只有一條路，她更擔心一旦考不上外語系，那就全完了。整天就想著考上以後的生活，考不上又怎麼辦，而全無心思專心學習。

　　人生的很多時候都是這樣的，當你專注於一條路，往往忽略了其他的選擇。而如果你選擇的那條路不是自己擅長走的，那麼心理上的壓力會讓你變得更加茫然，更加找不到方向，你可能因此而進入了一種選擇上的誤區。

　　雖然「白日夢」是青春期常見的心理現象，但整天沉醉於其中的人，往往是那些對現狀不滿意又無力改變的人。因為「白日夢」可以使人暫時忘記不如意的現實，擺脫某些煩惱，在幻想中滿足自己被人尊敬、被人喜愛的需要，在「夢」中，「醜小鴨」變成了「白天鵝」。做美好的夢，對智者來說是一生的動力，他們會由此夢出發，立即行動，全力以赴朝著這個美夢發展，而一步步使夢想成真；但對於弱者來說，「白日夢」不啻一個陷阱，他們在此處滑下深淵，無力自拔。

　　如何走出深淵呢？首先，要有勇氣正視不如意的現實，並學會管理自己。這裡教給你一個簡單而有效的方法，就是給自己制定時間表。先畫一張週計畫表，把第一天至少分為上午、下午和晚上三格，然後把你在這一週中需要做的事統統寫下來，再按輕重緩急排列一下，把它們填到表格裡。每做完一件事情，就把它從表上劃掉。到了週末總結一下，看看哪些計畫

完成了,哪些計畫沒有完成。這種時間表對整天不知道怎麼過的人有獨特的作用,因為當你發現有很多事情等著做,而且,當你做完一件事有一種踏實的感覺時,就比較容易把幻想變為行動了。你用做事擠走了幻想,並在做事中重塑了自己,增強了自信。

其實要有敢於放棄的勇氣和決心,夢是美好的,但畢竟是夢。與其在美夢中遐想,不如另闢他途,走出一條適合自己的路,所以該放棄就放棄,千萬不要有絲毫的猶豫和留戀,並迅速踏上另一條通向「羅馬」的旅途。

逆轉思維能力越強，
成功的機率就越高

有位老婆婆有兩個兒子，大兒子賣傘，小兒子賣扇。雨天，她擔心小兒子的扇子賣不出去；晴天，她擔心大兒子的生意難做，終日愁眉不展。

一天，她向一位路過的僧人說起此事，僧人哈哈一笑：「老人家你不如這樣想：雨天，大兒子的傘會賣得不錯；晴天，小兒子的生意自然很好。」

老婆婆聽了，破涕為笑。

悲觀與樂觀，其實就在一念之間。

世界上什麼人最快樂呢？猶太人認為，世界上賣豆子的人應該是最快樂的，因為他們永遠也不用擔心豆子賣不完。

假如他們的豆子賣不完，可以拿回家去磨成豆漿，再拿出來賣給行人；如果豆漿賣不完，可以製成豆腐，豆腐賣不成，變硬了，就當作豆腐乾來賣；而豆腐乾賣不出去的話，就把這些豆腐乾醃起來，變成腐乳。

還有一種選擇是：賣豆人把賣不出去的豆子拿回家，加上

水讓豆子發芽，幾天後就可改賣豆芽；豆芽如果賣不動，就讓它長大些，變成豆苗；如果豆苗還是賣不動，再讓它長大些，移植到花盆裡，當作盆景來賣；如果盆景賣不出去，那麼再把它移植到泥土中去，讓它生長。幾個月後，它結出了許多新豆子。一顆豆子現在變成了上百顆豆子，想想那是多麼划算的事！

一顆豆子在遭遇冷落的時候，可以有無數種精采選擇。人更是如此，當你遭受挫折的時候，千萬不要喪失信心，稍加變通，再接再厲，就會有美好的前途。

條條大路通羅馬，不同的只是沿途的風景，而在每一種風景中，我們都可以發現獨一無二的精采。

有一位失敗者非常消沉，他經常唉聲嘆氣，很難調整好自己的心態，因為他始終難以走出自己心靈的陰影。他總是一個人待著，脾氣也慢慢變得暴躁起來。他沒有跟其他人進行交流，他更沒有把過去的失敗統統忘掉，而是全部鎖在心裡。但他並沒有嘗試著去尋找失敗的原因，因此，雖然始終把失敗揣在心裡，卻沒有真正吸取失敗的教訓。

後來，失敗者終於打算去諮詢一下別人，希望能夠幫自己擺脫困境。於是，他決定去拜訪一位成功者，從他那裡學習一些方法和經驗。

他和成功者約好在一座大廈的大廳見面，當他來到那個地方時，眼前是一扇漂亮的旋轉門。他輕輕一推，門就旋轉起

來，慢慢將他送進去。剛站穩腳步，他就看到成功者已經在那裡等候自己了。

「見到你很高興，今天我來這裡主要是向你學習成功的經驗。你能告訴我成功有什麼竅門嗎？」失敗者虔誠地問。

成功者突然笑了起來，用手指著他身後的門說：「也沒有什麼竅門，其實你可以在這裡尋找答案，那就是你身後的這扇門。」

失敗者回過頭去看，只見剛才帶他進來的那扇門正慢慢地旋轉著，把外面的人帶進來，把裡面的人送出去。兩邊的人都順著同一個方向進進出出，誰也不影響誰。

「就是這樣一扇門，可以把舊的東西放出去，把新的東西迎進來。我相信你也可以做到，而且你會做得更好！」成功者鼓勵他說。

失敗者聽了他的話，也笑了起來。

失敗者與成功者的最大區別是心態的不同。失敗者的心態是消極的，結果終日沉湎於失敗的往事，被痛苦的陰影籠罩，無法解脫；而成功者的心態是開放的、積極的，能從一扇門領悟到成功的哲理，從而取得更多的成就。

心隨境轉，必然為境所累；境隨心轉，紅塵鬧市中也有安靜的書桌。人生像是一張白紙，色彩由每個人自己選擇；人生又像是一杯白開水，放入茶葉則苦，放入蜂蜜則甜，一切都在自己的掌握中。

上山的是好漢，
下山的也是英雄

　　人們習慣於對爬上高山之巔的人頂禮膜拜，把高山之巔的人看作偶像、英雄，卻很少將目光投放在下山的人身上。這是人之常理，但是實際上，能夠及時主動地從光環中隱退的下山者也是「英雄」。

　　有很多人把「隱退」當成「失敗」。曾經有過非常多的例子顯示，對於那些慣於享受歡呼與掌聲的人而言，一旦從高空中掉落下來，就像是藝人失去了舞台，將軍失去了戰場，往往因為一時難以適應，而自陷於絕望的谷底。

　　心理專家分析，一個人若是能在適當的時間選擇做短暫的隱退（不論是自願還是被迫），都是一個很好的轉機，因為它能讓你留出時間觀察和思考，使你在獨處的時候找到自己內在真正的世界。

　　唯有離開自己當主角的舞台，才能防止自我膨脹。雖然，失去掌聲令人惋惜，但換一種思維看問題，心理專家認為，「隱退」就是進行深層學習。一方面挖掘自己的陰影，一方面

重新上緊發條，平衡日後的生活。當你志得意滿的時候，是很難想像沒有掌聲的日子的。但如果你要一輩子獲得持久的掌聲，就要懂得享受「隱退」。

作家班塞說過一段令人印象深刻的話：「在其位的時候，總覺得什麼都不能捨，一旦真的捨了之後，又發現好像什麼都可以捨。」曾經做過雜誌主編，翻譯出版過許多知名暢銷書的班塞，在他事業巔峰的時候退下來，選擇當個自由人，重新思考人生的出路。

40歲那年，歐文從人事經理被提升為總經理。三年後，他自動「開除」自己，捨棄堂堂「總經理」的頭銜，改任沒有實權的顧問。

正值人生最巔峰的階段，歐文卻奮勇地從急流中跳出，他的說法是：「我不是退休，而是轉進。」

「總經理」三個字對多數人而言，代表著財富、地位，是事業、身分的象徵。然而，短短三年的總經理生涯，令歐文感觸頗深的，卻是諸多的「無可奈何」與「不得而為」。

他全面地打量自己，他的工作確實讓他過得很光鮮，周圍想巴結自己的人更是不在少數，然而，除了讓他每天疲於奔命，窮於應付之外，他其實活得並不開心。這個想法，促使他決定辭職。「人要回到原點，才能更輕鬆自在。」他說。

辭職以後，司機、車子一併還給公司，應酬也減到最低。不當總經理的歐文，感覺時間突然多了起來，他把大半的精力

拿來寫作，抒寫自己在廣告領域多年的觀察與心得。

「我很想試試看，人生是不是還有別的路可走。」他篤定地說。

事實上，歐文在寫作上很有天分，而且多年的職場經歷給他積累了大量的素材。現在歐文已經是某知名雜誌的專欄作家，其間還完成了兩本管理學著作，歐文迎來了他的第二個人生輝煌。

事實上，「隱退」很可能只是轉移陣地，或者是為了下一場戰役儲備新的能量。但是，很多人認不清這點，反而一直緬懷著過去的光榮，他們始終難以忘情「我曾經如何如何」，不甘於從此做個默默無聞的小人物。走下山來，你同樣可以創造輝煌，同樣是個大英雄！

不做無謂的堅持，
要學會轉彎

　　生活中很多再平常不過的事情中其實都有禪理，只是疲於奔波的眾生早已喪失了於細微處探究竟的興趣和能力。佛家所言，其實今天的我們已經不再是昨天的我們，為了在今天取得進步、重建自我就必須放下昨天的自己；為了迎接新興的，就必須放下舊有的。想要喝到芳香醇郁的美酒就得放下手中的咖啡，想要領略大自然的秀美風光就要離開喧囂熱鬧的都市，想要獲得如陽光般明媚開朗的心情就要驅散昨日煩惱留下的陰霾。

　　放得下是為了包容與進步，放下對個人意見的執著才能包容，放下今日舊念的執著才會進步。表面看來，放下似乎意味著失去，意味著後退，其實在很多情況下，退步本身就是在前進，是一種低調的積蓄。

　　一位學僧齋飯之餘無事可做，便在禪院裡的石桌上作起畫來。畫中龍爭虎鬥，好不威風，只見龍在雲端盤旋將下，虎踞山頭作勢欲撲。但學僧描來抹去幾番修改，卻仍是氣勢有餘

而動感不足。正好無德禪師從外面回來，見到學僧執筆前思後想，最後還是舉棋不定，幾個弟子圍在旁邊指指點點，於是就走上前去觀看。學僧看到無德禪師前來，於是就請禪師點評。無德禪師看後說道：「龍和虎外形不錯，但其秉性表現不足。要知道，龍在攻擊之前，頭必向後退縮；虎要上前撲時，頭必向下壓低。龍頭向後曲度越大，就能衝得越快；虎頭離地面越近，就能跳得越高。」學僧聽後非常佩服禪師的見解，於是說道：「老師真是慧眼獨具，我把龍頭畫得太靠前，虎頭也抬得太高，怪不得總覺得動態不足。」無德禪師借機說：「為人處世，亦如同參禪的道理。退卻一步，才能衝得更遠；謙卑反省，才會爬得更高。」另外一位學僧有些不解，問道：「老師，退步的人怎麼可能向前？謙卑的人怎麼可能爬得更高？」無德禪師嚴肅地對他說：「你們且聽我的詩偈：『手把青秧插滿田，低頭便見水中天。身心清淨方為道，退步原來是向前。』你們聽懂了嗎？」學僧們聽後，點頭，似有所悟。

　　無德禪師此刻在弟子們心中插滿了青秧，不知弟子們看見了秧田的水中天否？進是前，退亦是前，何處不是前？無德禪師以插秧為喻，向弟子們揭示了進退之間並沒有本質的區別。做人應該像水一樣，能屈能伸，既能在萬丈崖壁上揮毫潑墨，好似銀河落九天，又能在幽靜山林中蜿蜒流淌，自在清泉石上流。

　　佛陀在世時，受到世人敬仰與稱讚。有一個人對此頗為不

服，終日咒罵，有一天，這個人索性跑到了佛陀面前，當著他的面破口大罵。但是，無論他的言語多麼不堪入耳，佛陀始終沉默相對，甚至面帶微笑。終於，這個人罵累了。他既暴躁又不解，不知道佛陀為何不開口說話。佛陀似乎看到了他心中的困惑，對他說：「假如有人想送給你一件禮物，而你不喜歡，也並不想接受，那麼這件禮物現在屬於誰呢？」這個人不明白佛陀的意思，略一思量，回答道：「當然還是要送禮物的這個人的了。」佛陀笑著點頭，繼續問他：「剛才你一直在用惡毒的語言咒罵我，假如我不接受你的這些贈言，那麼，這些話屬於誰呢？」他一時語塞，方才醒悟到自己的錯誤，於是他低下頭，誠懇地向佛陀道歉，並為自己的無禮而懺悔。

退一步海闊天空並非一句空話，佛陀並未因為他人對自己的無禮而氣憤，反而沉默相對，似乎在步步後退，當這個人心生困惑時甚至耐心地予以開釋。他人步步進逼，而佛陀卻始終淡然處之。有退有進，以退為進，繞指柔化百煉鋼，也是人生的大境界。

有一種智慧叫「彎曲」

人生之旅,坎坷頗多,難免直面矮簷,遭遇逼仄。

彎曲,是一種人生智慧。在生命不堪重負之時,適時適度地低一下頭,彎一下腰,抖落多餘的負擔,才能夠走出屋簷而步入華堂,避開逼仄而邁向遼闊。

孟買佛學院是印度最著名的佛學院之一,這所佛學院的特點是建院歷史悠久,培養出了許多著名的學者。還有一個特點是其他佛學院所沒有的,這是一個極其微小的細節。但是,所有進入過這裡的學員,當他們再出來的時候,無一例外地承認,正是這個細節使他們頓悟,也正是這個細節讓他們受益無窮。

這是一個被很多人忽視的細節:孟買佛學院在它正門的一側,又開了一扇小門,這扇門非常小,一個成年人要想過去必須彎腰側身,否則就會碰壁。

其實,這就是孟買佛學院給學生上的第一堂課。所有新來的人,老師都會引導他到這扇小門旁,讓他進出一次。很顯然,所有的人都是彎腰側身進出的,儘管有失禮儀和風度,卻

達到了目的。老師說，大門雖然能夠讓一個人很體面很有風度地出入，但很多時候，人們要出入的地方，並不是都有方便的大門，或者，即使有大門也不是可以隨便出入的。這時，只有學會了彎腰和側身的人，只有暫時放下面子和虛榮的人，才能夠出入。否則，你就只能被擋在院牆之外。

孟買佛學院的老師告訴他們的學生，佛家的哲學就在這扇小門裡。

其實，人生的哲學何嘗不在這扇小門裡。人生之路，尤其是通向成功的路上，幾乎是沒有寬闊的大門的，所有的門都需要彎腰側身才可以進去。因此，在必要時，我們要能夠學會彎曲，彎下自己的腰，才可得到生活的通行證。

人生之路不可能一帆風順，難免會有風起浪湧的時候，如果迎面與之搏擊，就可能會船毀人亡，此時何不退一步，先給自己一個海闊天空，然後再圖伸展。

妙善禪師是世人景仰的一位高僧，被稱為「金山活佛」。他於1933年在緬甸圓寂，其行跡神異，又慈悲喜捨，所以，直至現在，社會上還流傳著他難行能行、難忍能忍的奇事。

在妙善禪師的金山寺旁有一條小街，街上住著一個貧窮的老婆婆，與獨生子相依為命。偏偏這兒子忤逆兇橫，經常喝罵母親。妙善禪師知道這件事後，常去安慰這老婆婆，和她說些因果輪迴的道理，逆子非常討厭禪師來家裡，有一天起了惡念，悄悄拿著糞桶躲在門外，等妙善禪師走出來，便將糞桶向

禪師兜頭一蓋，剎那間腥臭污穢淋滿禪師全身，引來了一大群人看熱鬧。

妙善禪師卻不氣不怒，一直頂著糞桶跑到金山寺前的河邊，才緩緩地把糞桶取下來，旁觀的人看到他的狼狽相，更加哄然大笑，妙善禪師毫不在意地道：「這有什麼好笑的？人本來就是眾穢所集的大糞桶，大糞桶上面加個小糞桶，有什麼值得大驚小怪的呢？」

有人問他：「禪師，你不覺得難過嗎？」

妙善禪師道：「我一點也不會難過，老婆婆的兒子以慈悲待我，給我醍醐灌頂，我正覺得自在哩！」

後來，老婆婆的兒子為禪師的寬容感動，改過自新，向禪師懺悔謝罪，禪師高興地開釋了他。受了禪師的感化，逆子從此痛改前非，以孝聞名鄉里。

妙善禪師將身體看作大的糞桶，加個小的糞桶，也不稀奇。這種認知正是他高尚的人格和道德慈悲的表現，而正是這一刻他彎下了腰，忍住了屈辱，才感化了忤逆的年輕人。

為人處世，參透屈伸之道，自能進退得宜，剛柔並濟，無往不利。能屈能伸，屈是能量的積聚，伸是積聚後的釋放；屈是伸的準備和積蓄，伸是屈的志向和目的；屈是手段，伸是目的；屈是充實自己，伸是展示自己；屈是柔，伸是剛；屈是一種氣度，伸更是一種魄力。伸後能屈，需要大智；屈後能伸，需要大勇。屈有多種，並非都是胯下之辱；伸亦多樣，並不一

定叱吒風雲。屈中有伸，伸時念屈；屈伸有度，剛柔並濟。

　　人生有起有伏，當能屈能伸。起，就起他個直上雲霄；伏，就伏他個如龍在淵；屈，就屈他個不露痕跡；伸，就伸他個清澈見底。這是多麼奇妙、痛快、瀟灑的情境啊！

改變世界，
從改變自己開始

在西敏寺地下室裡，英國聖公會主教的墓碑上刻著這樣的一段話：

當我年輕自由的時候，我的想像力沒有任何局限，我夢想改變這個世界。

當我漸漸成熟明智的時候，我發現這個世界是不可能改變的，於是我將眼光放得短淺了一些，那就只改變我的國家吧！

但我的國家似乎也是我無法改變的。

當我到了遲暮之年，抱著最後一絲努力的希望，我決定只改變我的家庭、我親近的人──但是，唉！他們根本不接受改變。

現在在我臨終之際，我才突然意識到：如果起初我只改變自己，接著我就可以依次改變我的家人。然後，在他們的激發和鼓勵下，我也許就能改變我的國家。再接下來，誰又知道呢，也許我連整個世界都可以改變。

這段碑文令人深思。

大文豪托爾斯泰也說過類似的話：「全世界的人都想改變別人，就是沒人想改變自己。」別說命運對你不公平，其實上帝給每個人都分配了美好的將來，只是看你有沒有把握住自己的人生。有的人用習慣的力量讓自己抓住了命運的手。有的人雖然最初與命運擦肩而過，但是他們改變了自己，又讓命運轉回了微笑的臉。

原一平，美國百萬圓桌會議終身會員，榮獲日本天皇頒贈的「四等旭日小綬勳章」，被譽為日本的推銷之神，但其實他小的時候是以脾氣暴躁、調皮搗蛋、叛逆頑劣而惡名昭彰的，被鄉里人稱為無藥可救的「小太保」。

在原一平年輕時，有一天，他來到東京附近的一座寺廟推銷保險。他口若懸河地向一位老和尚介紹投保的好處。老和尚一言不發，很有耐心地聽他把話講完，然後以平靜的語氣說：「你的介紹，絲毫引不起我的投保興趣。年輕人，先努力去改造自己吧！」「改造自己？」原一平大吃一驚。「是的，你可以去誠懇地請教你的投保戶，請他們幫助你改造自己。我看你有慧根，倘若你按照我的話去做，他日必有所成。」

從寺廟裡出來，原一平一路思索著老和尚的話，若有所悟。接下來，他組織了專門針對自己的「批評會」，請同事或客戶吃飯，目的是讓他們指出自己的缺點。

原一平把種種可貴的逆耳忠言一一記錄下來。透過一次次的「批評會」，他把自己身上那一層又一層的劣根性一點點剝

掉。

與此同時,他總結出了含義不同的39種笑容,並一一列出各種笑容要表達的心情與意義,然後再對著鏡子反覆練習。

他開始像一條成長的蠶,在悄悄地蛻變著。

最終,他成功了,並被日本國民譽為「練出價值百萬美元笑容的小個子」;美國著名作家奧格‧曼狄諾稱之為「世界上最偉大的推銷員」。

「我們這一代最偉大的發現是,人類可以由改變自己而改變命運。」原一平用自己的行動印證了這句話,那就是:有些時候,迫切應該改變的或許不是環境,而是我們自己。

也許你不能改變別人,改變世界,但你可以改變自己。幸福、成功的第一步,唯需從改變自己開始。

人生處處有死角，
要懂得轉彎

任何事物的發展都不是一條直線，聰明人能看到直中之曲和曲中之直，並不失時機地把握事物迂迴發展的規律，透過迂迴應變，達到既定的目標。

順治元年（1644），清王朝遷都北京以後，攝政王多爾袞便著手進行武力統一全國的戰略部署。當時的軍事形勢是：農民軍李自成部和張獻忠部共有兵力40餘萬；剛建立起來的南明弘光政權，彙集江淮以南各鎮兵力，也不下50萬人，並雄踞長江天險；而清軍不過20萬人。如果在遼闊的中原腹地同諸多對手作戰，清軍兵力明顯不足。況且遷都之初，人心不穩，弄不好會造成顧此失彼的局面。

多爾袞審時度勢，機智靈活地採取了以迂為直的策略，先懷柔南明政權，集中力量攻擊農民軍。南明當局果然放鬆了對清的警惕，不但不再抵抗清兵，反而派使臣攜帶大量金銀財物，到北京與清廷談判，向清求和。這樣一來，多爾袞在政治上、軍事上都取得了主動地位。順治元年七月，多爾袞對農民

軍的進攻取得了很大進展，後方亦趨穩固。此時，多爾袞認為最後消滅明朝的時機已經到來，於是，發起了對南明的進攻。當清軍在南方的高壓政策和暴行受阻時，多爾袞又施以迂為直之術，派明朝降將、漢人大學士洪承疇招撫江南。順治五年，多爾袞以他的謀略和氣魄，基本上完成了清朝在全國的統一。

迂迴的策略，十分講究迂迴的手段。特別是在與強勁的對手交鋒時，迂迴的手段高明、精到與否，往往是能否在較短的時間內由被動轉為主動的關鍵。

美國當代著名企業家李‧艾科卡在擔任克萊斯勒汽車公司總裁時，為了爭取到10億美元的國家貸款來解公司之困，他在正面進攻的同時，採用了迂迴包抄的辦法。一方面，他向政府提出了一個現實的問題，即如果克萊斯勒公司破產，將有60萬左右的人失業，第一年政府就要為這些人支出27億美元的失業保險金和社會福利開銷，政府到底是願意支出這27億呢，還是願意借出10億極有可能收回的貸款？另一方面，對那些可能投反對票的國會議員，艾科卡吩咐手下為每個議員開列一份清單，單上列出該議員所在選區所有同克萊斯勒有經濟往來的代銷商、供應商的名字，並附有一份萬一克萊斯勒公司倒閉，將在其選區產生的經濟後果的分析報告，以此暗示議員們，若他們投反對票，因克萊斯勒公司倒閉而失業的選民將怨恨他們，由此也將危及他們的議員席位。

這一招果然很靈，一些原先激烈反對向克萊斯勒公司貸款

的議員不再說話了。最後,國會通過了由政府支持克萊斯勒公司15億美元的提案,比原來要求的多了5億美元。

俗話說:「變則通,通則久!」所以在經歷一些暫時沒有辦法解決的事情時,我們應該學著變通,不能死鑽牛角尖,此路不通就換條路。有更好的機會就趕快抓住,不能一條路走到黑,生活不是一成不變的,有時候我們轉過身,就會突然發現,原來我們的身後也藏著機遇,只是當時的我們趕路太急,把那些美好的事物給忽略掉了。

方法錯了，
越堅持走得越慢

「愚公移山」的故事，老少皆知。我們欽佩愚公的幹勁、執著，但同時也有人抱質疑態度：若愚公搬一次家，又何至於讓子子孫孫都辛苦一生？

工作中，許多人常咬緊「青山」不放鬆，永不言放棄，卻只能頭破血流、兩敗俱傷。變一回視線，換一次角度，找一下方法，將會「柳暗花明又一村」。

小馬到一家公司去推銷商品。他恭敬地請秘書把名片交給董事長，正如所料，董事長還是把名片丟了回去。

「怎麼又來了！」董事長有些不耐煩。無奈，秘書只得把名片退還給立在門外受盡冷落的小馬，但他毫不在意地再把名片遞給秘書。

「沒關係，我下次再來拜訪，所以還是請董事長留下名片。」拗不過小馬的堅持，秘書硬著頭皮，再進辦公室，董事長火了，將名片撕成兩半，丟給秘書。秘書不知所措地愣在當場，董事長更生氣了，從口袋裡拿出10塊錢說道：「10塊錢

買他一張名片，夠了吧！」

哪知當秘書遞還給業務員名片與鈔票後，小馬很開心地高聲說：「請你跟董事長說，10塊錢可以買兩張我的名片，我還欠他一張。」隨即他再掏出一張名片交給秘書。突然，辦公室裡傳來一陣大笑，董事長走了出來說道：「這樣的業務員不跟他談生意，我還找誰談？」說著把小馬請進了辦公室。

大多數情況下，正確的方法比堅持的態度更有效、更重要。堅持固然是一種良好的品性，但在有些事上過度地堅持，反而會導致更大的浪費。因此，做一件事情時，在沒有勝算的把握和科學根據的前提下，應該見好就收，知難而退。

有兩個朋友分別住在沙漠的南北兩端，由於乾旱，飲水成了生存最主要的問題。還好，在沙漠的中心有一眼泉水。為了能喝到水，每天他們都要到沙漠中心去挑水，日子過得非常辛苦。

兩個人每天都在約定的時間到泉水處，先是聊聊天，然後分別挑起水回家，這樣一直堅持了五年。

忽然有一天，南邊的人在泉水的地方沒有見到北邊的人，他心想：「他大概睡過頭了。」可是第二天，他還是沒有見到北邊的那個人來挑水。過了一個星期，北邊的人始終沒有來，南邊的人著急了，以為他出了什麼意外，於是就收拾行裝去北邊看望他的朋友。

等他到達北邊的時候，遠遠地看見他朋友家的煙囪上冒

出濃煙，還聞到了菜香味。「這哪裡像一個星期沒有水的樣子？」他心想。

「我都一個星期沒見到你挑水了，難道你不用喝水嗎？」南邊的人問。

「我當然不會一個星期不喝水！」北邊的人把南邊的人帶到他家的後院，指著一口井說，「五年來，我每天都抽空挖這口井。我們現在都還年輕，還有力氣每天走很遠的路去挑水，等我們老了的時候怎麼辦，你想過沒有？就在一個星期前，我的井裡開始有了水，這口井足足用了我五年的時間才挖成。雖然很辛苦，但是以後我就不用走那麼遠的路去挑水了！」

從中可見，每天都堅持著辛苦挑水並非最佳的路子，找到水源才是根本方法。

在形形色色的問題面前，在人生的每一次關鍵時刻，聰明的企業員工會靈活地運用智慧，做最正確的判斷，選擇屬於自己的正確方向。同時，他會隨時檢視自己選擇的角度是否產生偏差，適時地進行調整，而不是以堅持到底為圭臬，只憑一套哲學，便欲強度職場中所有的關卡。時時留意自己執著的意念是否與成功的法則相抵觸，追求成功，並非意味著我們必須全盤放棄自己的執著，去遷就成功法則。只需在意念、方法上做靈活的修正，我們將離成功越來越近。

換個角度，
世界就會不一樣

　　在現實生活中，情緒失控有很多原因，其中最常見的就是認為生活不如意，大事小事都與自己理想中的景象相去甚遠。其實這種情況下，你大可不必死鑽牛角尖，不妨換個角度來看問題，或許你就會有意料不到的收穫，你的生活也就會不斷充滿希望與喜悅。

　　有這樣一個故事。

　　在波濤洶湧的大海中，有一艘船在波峰浪谷中顛簸。一位年輕的水手順著桅杆爬向高處去調整風帆的方向，他向上爬時犯了一個錯誤——低頭向下看了一眼。浪高風急頓時使他恐懼起來，腿開始發抖，身體失去了平衡。這時，一位老水手在下面喊：「向上看，孩子，向上看！」這個年輕的水手按他說的去做，重新獲得了平衡，終於將風帆調整好。船駛向了預定的航線，躲過了一場災難。

　　換個角度看問題，視野要開闊得多，即使處在同一個位置。我們未嘗不可從多個角度去分析事物、看待事物。換個角

度，其實也是一種控制情緒的好方法。

　　如果我們能從另一個角度看人，說不定很多缺點恰恰是優點。一個固執的人，你可以把他看成一個「信念堅定的人」；一個吝嗇的人，你可以把他看成一個「節儉的人」；一個城府很深的人，你可以把他看成一個「能深謀遠慮的人」。

　　我們常常聽到有人抱怨自己容貌不是國色天香，抱怨今天天氣糟糕透了，抱怨自己總不能事事順心……剛一聽，還真認為上天對他太不公了，但仔細一想，為什麼不換個角度看問題呢？容貌天生不能改變，但你為什麼不想一想展現笑容，說不定會美麗一點；天氣不能改變，但你能改變心情；你不能樣樣順利，但可以事事盡心，你這樣一想是不是心情好很多？

　　所以，我們不妨學得淡泊一點。不要總想著我付出了那麼多，我將會得到多少這類問題。一個人身心疲憊，情緒波動，就是因為凡事斤斤計較，總是計算利害得失。如果把握一份平和的心態，換個角度，把人生的是非和榮辱看得淡一些，你就能很好地控制自己的情緒了。

繞個圈子，避開釘子

在生活中，我們難免會因為一些競爭而與對手針鋒相對。矛盾也許不可避免，但是我們真的沒有必要非要跟別人鬥個你死我活。如果真的躲不過去，也不要跟對手硬拚。要懂得利用智慧和技巧，在方法上取勝。

聰明的人總是懂得在危險中保護自己，而愚蠢的人總是喜歡依靠蠻力，哪怕耗費掉自己全部的精力也要與對手拚出個高下，弄得自己沒有迴旋的餘地。

一位搏擊高手參加錦標賽，自以為穩操勝券，一定可以奪得冠軍。

出乎意料，在最後的決賽中，他遇到一個實力相當的對手，雙方竭盡全力出招攻擊。當對方打到了中途，搏擊高手意識到，自己竟然找不到對方招式中的破綻，而對方的攻擊卻往往能夠突破自己防守中的漏洞，有選擇地打中自己。

比賽的結果可想而知，這個搏擊高手慘敗在對方手下，當然也就無法得到冠軍的獎盃。他憤憤不平地找到自己的師父，一招一式地將對方和他搏擊的過程再次演練給師父看，並請求

師父幫他找出對方招式中的破綻。他決心根據這些破綻，苦練出足以攻克對方的新招，決心在下次比賽時，打倒對方，奪取冠軍。

師父笑而不語，在地上畫了一道線，要他在不能擦掉這道線的情況下，設法讓這條線變短。

搏擊高手百思不得其解，怎麼會有像師父所說的辦法，能使地上的線變短呢？最後，他無可奈何地放棄了思考，轉向師父請教。

師父在原先那道線的旁邊，又畫了一道更長的線。兩者相比較，原先的那道線，看起來變得短了許多。

師父開口道：「奪得冠軍的關鍵，不僅僅在於如何攻擊對方的弱點，正如地上的長短線一樣，如果你不能在要求的情況下使這條線變短，你就要懂得放棄從這條線上做文章，尋找另一條更長的線。那就是只有你自己變得更強，對方就如原先的那道線一樣，也就在相比之下變得較短了。如何使自己更強，才是你需要苦練的根本。」

徒弟恍然大悟。

師父笑道：「搏擊要用腦，要學會選擇，攻擊其弱點。同時要懂得放棄，不跟對方硬拚，以自己之強攻其弱，你才能奪取冠軍。」

在獲得成功的過程中，在奪取冠軍的道路上，有無數的坎坷與障礙，需要我們去跨越、去征服。人們通常走的路有兩

條。

一條路是學會選擇攻擊對手的薄弱環節。正如故事中的那位搏擊高手，可找出對方的破綻，給予其致命的一擊，用最直接、最銳利的技術或技巧，快速解決問題。

另一條路是懂得放棄，不跟對方硬拚，全面增強自身實力，在人格上、在知識上、在智慧上、在實力上使自己加倍地成長，變得更加成熟，變得更加強大，以己之強攻敵之弱，使許多問題迎刃而解。

不跟對手硬拚，是一種包容，也是一種智慧。繞開圈子，才能避開釘子。適當地給對手留有餘地，也許可以將對方感化，從而化僵持為友好，將敵人變成朋友。適當地給自己留有餘地，你才有機會東山再起，才能把握好更多的機遇。

懂得變通，不通亦通

　　行走中的人，既要能夠看到遠處的山水，也要能夠看清自己腳下的路。「不計較一時得失，基於全景考慮而決定的變通」，往往是抵達目的地的一條捷徑。變通，既是為了通過，更是為了向前。

　　生命的長途中既有平坦的大道也有崎嶇的小路，聰明的人既嚮往大道的四通八達，也憧憬小路上的美麗風景；生命的輪迴中四季交替，既有姹紫嫣紅草長鶯飛的明媚春光，也有銀裝素裹萬木凋零的凜冽冬日，萬物生靈隨著季節的輪轉調整著自己的生存方式。

　　在生命的春天中，我們盡可以充分享受和煦的春風、溫暖的陽光，而遭遇寒冬之時，要及時調整步速，不急不躁地把握住生命的脈動。

　　人的一生，總要經風歷雨，橫衝直撞，一味地拚殺是莽士；運籌帷幄，懂得變通才是智者。

　　從前，有一個窮人，他有一個非常漂亮的女兒。窮人生活拮据，妻子又體弱多病，不得已向富人借了很多錢。年關將

至，窮人實在還不上富人的錢，便來到富人家中請求他寬限一段時間。

富人不相信窮人家中困窘到了他所描述的地步，便要求到窮人家中看一看。

來到窮人家後，富人看到了窮人美麗的女兒，壞主意立刻就冒了出來。他對窮人說：「我看你家中實在很困難，我也並非有意難為你。這樣吧，我把兩個石子放進一個黑罐子裡，一黑一白，如果你摸到白色的，就不用還錢了，但是如果你摸到黑色的，就得把女兒嫁給我抵債！」

窮人迫不得已只能答應。

富人把石子放進罐子裡時，窮人的女兒恰好從他身邊經過，只見富人把兩個黑色石子放進了罐子裡。窮人的女兒剎那間便明白了富人的險惡用心，但又苦於不能立刻當面拆穿他的把戲。她靈機一動，想出了一個好辦法，悄悄地告訴了自己的父親。

於是，當窮人摸到石子並從罐子裡拿出時，他的手「不小心」抖了一下，富人還沒來得及看清顏色，石子便已經掉在了地上，與地上的一堆石子混雜在一起，難以辨認。

富人說：「我重新把兩顆石子放進去，你再來摸一次吧！」窮人的女兒在一旁說道：「不用再來一次了吧！只要看看罐子裡剩下的那顆石子的顏色，不就知道我父親剛剛摸到的石子是黑色的還是白色的了嗎？」說著，她把手伸進罐子裡，

摸出了剩下的那顆黑色石子,感嘆道:「看來我父親剛才摸到的是白色的石子啊!」

富人頓時啞口無言。

「重來一次」意味著窮人要把女兒嫁給富人抵債,而窮人的女兒則透過思維的轉換成功地扭轉了雙方所處的形勢。所以很多時候與其硬來,不如做出變通更有效果。當客觀環境無法改變時,改變自己的觀念,學會變通,才能在絕境中走出一條通往成功的路。

生活中許多事情往往都要轉彎,路要轉彎,事要轉彎,命運有時也要轉彎。轉彎是一種變化與變通,轉彎是調整狀態,也是一種心靈的感悟。生命就像一條河流,不斷迴轉蜿蜒,才能跨越崇山峻嶺,匯集百川,成為巨流。生命的真諦是實現,而不是追求;是面對現實環境,懂得轉彎迂迴和成長,而不是直撞或逃避。高山不語,自有巍峨;流水不止,自成靈動。沉穩大氣、卓然挺拔,是山的特性;遇石則分,遇瀑則合,是水的個性。水可穿石,山能阻水,山有山的精采,水有水的美麗,而山環水水繞山,更是人間曼妙風景。

第三章

一切阻礙都是線索，
所有陷阱都是路徑

換個角度，
困境本身就是出路

在美國西部的一座農場，有一個伐木工人叫路易斯。一天，他獨自一人開車到很遠的地方去伐木。一棵被他用電鋸鋸斷的大樹倒下時，被對面的大樹彈了回來，他躲閃不及，右腿被沉重的樹幹死死壓住，頓時血流不止，疼痛難忍。面對自己從未遇到過的失敗和災難，他的第一個反應就是：「我該怎麼辦？」

他看到了這樣一個嚴酷的現實：周圍幾十里沒有村莊和居民，10小時以內不會有人來救他，他會因為流血過多而死亡。他不能等待，他必須自己救自己。他用盡全身力氣抽腿，可怎麼也抽不出來。他摸到身邊的斧子，開始砍樹，但因為用力過猛，才砍了三四下，斧柄就斷了。他覺得沒有希望了，不禁嘆了一口氣，但他克制住了痛苦和失望。他向四周望了望，發現在不遠的地方，放著他的電鋸。他用斷了的斧柄把電鋸弄到手，想用電鋸將壓著他的腿的樹幹鋸掉。可是，他很快發現樹幹是斜著的，如果鋸樹，樹幹就會把鋸條死死卡住，根本拉

不動。看來，死亡是不可避免的了。

正當他幾乎絕望的時候，他忽然想到了另一條路，那就是不鋸樹而把自己被壓住的大腿鋸掉。這是唯一可以保住性命的辦法！他當機立斷，毅然決然地拿起電鋸鋸斷了被壓著的大腿。他終於用常人難以想像的決心和勇氣，成功地拯救了自己！

人生總免不了要遭遇這樣或者那樣的挫折，確切地說，我們幾乎每天都在經受和體驗各種挫折。有時候，我們甚至會在毫不經意和不知不覺間與挫折不期而遇。面對挫折，我們又往往會採取習慣的對待挫折的措施和辦法——或以緊急救火的方式撲救挫折，或以被動補漏的辦法延緩挫折，或以收拾殘局的方法打掃挫折，或以引以為戒的思維總結挫折……雖然這些都是遭遇挫折之後十分需要甚至必不可少的，但畢竟是在眼睜睜看著挫折發生而又無法補救的情況下採取的無奈之舉。任憑困境無限擴大而無力改變，實在是更大的失敗和遺憾。

面臨坎坷與困惑時，我們不妨換一個角度去思考，也許就能走出所謂的失敗，走向成功，所以說問題的關鍵不是有多艱難，而是我們看待失敗的角度與心態。

古時候有一位國王，夢見山倒了、水枯了、花謝了，便叫王后給他解夢。王后說：「大事不好。山倒了指江山要倒；水枯了指民眾離心，君是舟，民是水，水枯了，舟也不能行了；花謝了指好景不長。」國王聽後驚出一身冷汗，從此患病，且

越來越重。

　　一位大臣來參見國王，國王在病榻上說出了他的心事，哪知大臣一聽，大笑說：「太好了，山倒了指從此天下太平；水枯了指真龍現身，國王您是真龍天子；花謝了，花謝見果呀！」國王聽後全身輕鬆，病也好了。

　　所以，當我們面臨困惑時，如果能夠靜下心來，坦然面對，那麼當我們從另一個出口走出去時，就有可能看到另一番天地。在我們的生活與工作中，遇到困難或是難以跨越的「坎」時，不妨嘗試一下換一種思考方式和解決辦法，也許很快就能解決問題。人生的出口其實就是自己的人生蛻變，是自己理性地坦然面對問題的勇氣和決心，是灑脫後的平靜。

變通，
走出人生困境的錦囊妙計

變通是一種智慧，在善於變通的世界裡，不存在困難這樣的字眼。再頑固的荊棘，也會被他們用變通的方法剷除。他們相信，凡事必有方法去解決，而且能夠解決得很完善。

一位姓劉的老總深有感觸地講述了自己的故事。

十多年前，他在一家電氣公司當業務員。當時公司最大的問題是如何討帳。產品不錯，銷路也不錯，但產品銷出去後，總是無法及時收到款。

有一位客戶，買了公司20萬元產品，但總是以各種理由遲遲不肯付款，公司派了三批人去討帳，都沒能拿到貨款。當時他剛到公司上班不久，就和另外一位姓張的員工一起，被派去討帳。他們軟磨硬泡，想盡了辦法。最後，客戶終於同意給錢，叫他們過兩天來拿。兩天後他們趕去，對方給了一張20萬元的現金支票。

他們高高興興地拿著支票到銀行取錢，結果卻被告知，帳上只有199,900元。很明顯，對方又耍了個花招，他們給的是

一張無法兌現的支票。第二天就要放春節假了，如果不及時拿到錢，不知又要拖延多久。

遇到這種情況，一般人可能一籌莫展了。但是他突然靈機一動，拿出100元，讓同去的小張存到客戶公司的帳戶裡去。這一來，帳戶裡就有了20萬元。他立即將支票兌了現。

當他帶著這20萬元回到公司時，董事長對他大加讚賞。之後，他在公司不斷發展，5年之後當上了公司的副總經理，後來又當上了總經理。

顯然，劉總為我們講了一個精采的故事。因為他的智慧，一個看似難以解決的問題迎刃而解了；因為他的變通，他獲得了不凡的業績，並得到公司的重用。可以說，變通就是一種智慧。

學會變通，懂得思考才會有「柳暗花明又一村」的驚喜。事實也一再證明，看似極其困難的事情，只要用心去尋找變通的方法，必定會有所突破。

委內瑞拉人拉菲爾·杜德拉也是憑藉這種不斷變通而發跡的。在不到20年的時間裡，他就建立了投資額達10億美元的事業。

在20世紀60年代中期，杜德拉在委內瑞拉的首都擁有一家很小的玻璃製造公司。可是，他並不滿足於幹這個行當，他學過石油工程，他認為石油是個賺大錢和更能施展自己才幹的行業，他一心想躋身於石油界。

有一天,他從朋友那裡得到一則資訊,說是阿根廷打算從國際市場上採購價值2,000萬美元的丁烷氣。得此資訊,他充滿了希望,認為躋身於石油界的良機已到,於是立即前往阿根廷,想爭取到這筆合約。

去後,他才知道早已有英國石油公司和殼牌石油公司兩個老牌大企業在頻繁活動了。這是兩家十分難以對付的競爭對手,更何況自己對經營石油業並不熟悉,資本又並不雄厚,要成交這筆生意難度很大。但他並沒有就此甘休,他決定採取變通的迂迴戰術。

一天,他從一個朋友處瞭解到阿根廷的牛肉過剩,急於找門路出口外銷。他靈機一動,感到幸運之神到來了,這等於給他提供了和英國石油公司及殼牌公司同等競爭的機會,對此他充滿了必勝的信心。

他旋即去找阿根廷政府。當時他雖然還沒有掌握丁烷氣,但他確信自己能夠弄到,他對阿根廷政府說:「如果你們向我買2,000萬美元的丁烷氣,我便買你2,000萬美元的牛肉。」當時,阿根廷政府想趕緊把牛肉推銷出去,便把購買丁烷氣的投標給了杜德拉,他終於戰勝了兩位強大的競爭對手。

投標爭取到後,他立即籌辦丁烷氣。他立刻飛往西班牙。當時西班牙有一家大船廠,由於缺少訂貨而瀕臨倒閉。西班牙政府對這家船廠的命運十分關心,想挽救這家船廠。

這一則消息,對杜德拉來說,又是一個可以把握的好機

會。他便去找西班牙政府商談,杜德拉說:「假如你們向我買2,000萬美元的牛肉,我便向你們的船廠訂製一艘價值2,000萬美元的超級油輪。」西班牙政府官員對此求之不得,當即拍板成交,馬上透過西班牙駐阿根廷使館,與阿根廷政府聯絡,請阿根廷政府將杜德拉所訂購的2,000萬美元的牛肉,直接運到西班牙來。

杜德拉把2,000萬美元的牛肉轉銷出去之後,繼續尋找丁烷氣。他到了美國費城,找到太陽石油公司,他對太陽石油公司說:「如果你們能出2,000萬美元租用我這條油輪,我就向你們購買2,000萬美元的丁烷氣。」太陽石油公司接受了杜德拉的建議。從此,他便打進了石油業,實現了躋身於石油界的願望。經過苦心經營,他終於成為委內瑞拉石油界的鉅子。

杜德拉是具有大智慧、大膽魄的商業奇才。這樣的人能夠在困境中變通地尋找方法,創造機會,將難題轉化為有利的條件,創造更多可以脫穎而出的資源。美國一位著名的商業人士在總結自己的成功經驗時說,他的成功就在於他善於變通,他能根據不同的困難,採取不同的方法,最終克服困難。對於善於變通的人來說,世界上不存在困難,只存在暫時還沒想到的方法。

過分執著無異於故步自封

　　世間萬物不論是山川大地還是人的心境，都處在不斷的變動之中，沒有一樣是永恆的。生命的過程，從小到老，最後一直到肉體消亡為止，都在不停地變化，生理身體在變，人的觀念也在變。有些變化一眼就能看出來，有的變化肉眼很難分辨，但總體而言，變化才是世間常態。

　　人的一生，外界的境遇，內心的想法，都不可能一成不變。既然如此，在心態、思想該改變的那一刻，就應該放手讓它過去，而不應該執著於自認為對的觀念，否則便會被這些觀念拖住腳步。

　　過分為一些無謂的事情而執著是一件徒勞無功的事情，比如，錯誤已經犯下，再讓自己為此而愧疚一生，並沒有多大意義，不如想著如何彌補，如何改正，這樣還會對人對己多一點益處。

　　老比丘帶著小沙彌一起出去化緣，師徒倆不知不覺越走越遠，等他們想到要回去時，天已經快黑了。師父年紀大，走得很慢，徒弟就上前來攙著師父走。

天色越來越黑，當他們來到一片樹林中時，天已經黑得伸手不見五指了，只能聽見師徒倆行走的腳步聲和樹葉的沙沙聲，還有從遠方傳來的各種野獸淒厲的叫聲。

　　小沙彌知道樹林中常有野獸出沒，為了保護師父，就緊緊抱住師父的肩膀，連扶帶推地快步向樹林邊緣走去。

　　師父年老力衰，又東奔西走了一整天，早就累得走不動了，加上看不清楚道路，一個踉蹌跌倒在地，頭剛好磕在硬石頭上，一下子就死去了。

　　小沙彌看到師父倒在地上，趕忙把他拉起來，可是見他沒什麼反應，才發覺師父已經死了，不禁大吃一驚，痛哭失聲！

　　天亮以後，小沙彌獨自一人回到寺廟。

　　寺裡的比丘們知道事情的經過後，紛紛譴責小沙彌：「你看！都是你不小心，害死了自己的師父。」

　　「就是說嘛！竟然把自己的師父推去撞石頭！」

　　小沙彌有口難辯，心中覺得很委屈，就去找佛陀訴苦。

　　佛陀讓小沙彌坐下，說道：「你要說的話我全都知道了，你師父的死不是你的錯。」

　　話雖如此，但小沙彌還是眉頭緊皺，無精打采的。

　　佛陀看了，微笑著繼續說：「我講個故事給你聽吧！從前有一個父親生了重病，兒子很著急，到處求醫問藥。每天他服侍父親吃過藥後，就扶父親上床躺下，讓父親睡個好覺。可他們住的是一間茅草屋，地上又潮濕，引來許多蚊蠅，整天嗡嗡

地飛來飛去，打擾父親睡眠。兒子見父親在床上睡不著，馬上找來蒼蠅拍到處追打蚊蠅，卻怎麼也打不完。

「兒子又急又氣，轉身抄起一根大棍子揮舞著，對著空中的蚊蠅拚命追打。恰巧有一隻蚊蠅落在父親的鼻子上，兒子一時沒看清楚，慌忙一棍打去，父親就這樣被棍子重重打了一下，連哼都來不及哼一聲，就死去了。」

佛陀停了一會兒說：「孝順的兒子在無意中傷人性命，只能算是一個意外，不能因此指責兒子是殺人犯，否則可就冤枉他了。你使勁推你的師父，是怕師父遭到野獸的襲擊，想趕快離開樹林，並不是心存惡念，故意要傷害他的性命，是嗎？」小沙彌點頭稱是。

佛陀說：「我講的故事和你所經歷的事有些不同，但道理是一樣的。佛法是慈悲的，你安心修行吧！」

小沙彌聽了佛陀的話，心中獲得了安慰，從此更加勤奮修行了。小沙彌雖然犯了錯誤，但是他並非故意犯錯，雖然做錯了事情，卻沒有錯心，所以佛陀寬慰他，希望他不要讓心念一直停留在自己的錯事上，整天鬱鬱寡歡，而是要放下這樣的心結，專心於修行。

這並不意味著任何人犯了錯誤都可以立刻放下，不必承擔責任，而是說，不必過分執著於錯誤。為錯誤而愧疚、羞恥是應該的，為了錯誤而停留在原地，故步自封，甚至拋下自己本該做好的事，卻是不應該的。

一個過於執著的人，往往也是一個完美主義者。他會希望自己的人生如同白玉一般，毫無瑕疵，一旦染上了什麼污點，就會在意得不得了，只知道一味盯著污點，而忽略掉整塊白玉的純潔。實際上，人生本來就沒有完美，一味地追求完美最後也只會落得不完美的結局。

　　從前有一個男人，他一輩子獨身，因為他在尋找一個完美的女人。

　　當他70歲的時候，有人問他：「你一直在到處旅行，從喀布爾到加德滿都，從加德滿都到果阿，你始終在尋找，難道你沒能找到一個完美的女人，甚至連一個也沒找到？」

　　那老人變得非常悲傷，他說：「不，有一次我碰到了一個，一個完美的女人。」

　　那個發問者說：「那麼發生了什麼，為什麼你們不結婚呢？」他變得非常非常傷心，他說：「怎麼辦呢？她也在尋找一個完美的男人。」

　　這個男人執著於尋找完美的女人，到頭來也只換來了一場空。每個人心中對完美的定義不同，如果世間人人都追求自己心中的完美，那麼，所有的人生都不會完美，只能一次次白白錯失機遇。

　　不管是做人還是做事，做到無愧於心即可，不必苛求完美。因為這個世界上的事情，不會全都順著自己，有的時候即使花上一輩子的時間，也不一定能達到那種想像中的完美。

不管是執著於錯誤的飲恨還是執著於完美的空想，這些都是無法放下心中苛求的表現。如果我們能夠使自己的內心歸於平靜，放下不必要的苛求，不被無謂的執著困住，便可灑脫地面對人生。

人生沒有絕境，
只有絕望

　　企業家卡爾森原是一個身無分文的窮光蛋，但是他從沒對自己有一天能成為富翁產生過懷疑。即使在十分被動和不利的條件下，他依然能夠頑強進取，積極尋找成功的機會。他這種積極的心態幫助了他，面對現狀，他沒有沮喪和氣餒，而是力求向上，力求改變現狀，這種心態終於使他創富成功。

　　有一次，卡爾森發現了一個商機。於是他借錢辦了一個製造玩具沙漏的廠。沙漏是一種古董玩具，它在時鐘未發明前用來計時；時鐘問世後，沙漏已完成它的歷史使命，而卡爾森卻把它作為一種古董來生產銷售。本來，沙漏作為玩具，趣味性不大，孩子們自然不大喜歡它，因此銷量很小。但卡爾森一時找不到其他比較適合的工作，只能繼續幹他的老本行。沙漏的需求量越來越少，卡爾森最後只得停產。但他並不氣餒，他完全相信自己能夠克服眼前的困難，於是他決定先好好休息，輕鬆一下，便每天都找些娛樂項目，看看棒球賽、讀讀書、聽聽音樂，或者領著妻子、孩子外出旅遊，但他的頭腦一刻也沒有

停止思考。

機會終於來了，一天，卡爾森翻看一本講賽馬的書，書上說：「馬匹在現代社會裡失去了牠運輸的功能，但是又以高娛樂價值的面目出現。」在這不引人注目的兩行字裡，卡爾森好像聽到了上帝的聲音，高興地跳了起來。他想：「賽馬騎用的馬匹比運貨的馬匹值錢。是啊！我應該找出沙漏的新用途！」就這樣，從書中偶得的靈感，使卡爾森的精神重新振奮起來，把心思又全都放到沙漏上。經過幾天苦苦的思索，一個構思浮現在他的腦海：做個限時三分鐘的沙漏，在三分鐘內，沙漏裡的沙子就會完全落到下面來，把它裝在電話機旁，這樣打長途電話時就不會超過三分鐘，就可以有效地控制電話費了。

想好了以後，他就開始動手製作。這個東西設計上非常簡單，把沙漏的兩端嵌上一個精緻的小木板，再接上一條銅鏈，然後用螺絲釘釘在電話機旁就行了。不打電話時還可以做裝飾品，看它點點滴滴落下來，雖是微不足道的小玩意，卻能調劑一下現代人緊張的生活。擔心電話費支出的人很多，卡爾森的新沙漏可以有效地控制通話時間，售價又非常便宜。因此一上市，銷量就很不錯，平均每個月能售出三萬個。這項創新使原本沒有前途的沙漏轉瞬間成為對生活有益的用品，銷量成倍地增加，面臨倒閉的小廠很快變成一個大企業。卡爾森也從一個即將破產的小業主搖身一變，成了腰纏萬貫的富豪。

卡爾森成功了，賺了大錢，而且是輕輕鬆鬆的，沒費多大

力氣。如果他不是一個心態積極的人，如果他在暫時的困難面前一蹶不振，那麼他就不可能東山再起，成為富豪。困境的存在與否，不是你能左右的，然而，對困境的回應方式與態度卻完全操之在你。你可能因內心痛苦而惡言惡行，也可以將痛苦轉化為詩篇，而是此是彼，則有待於你來抉擇。艱苦歲月中，你也許沒有選擇的餘地，但是，你卻可以決定自己怎樣去面對這種歲月。積極面對問題也許要有無比的勇氣。「天無絕人之路」的想法，就是所謂的「可能性思考」。它代表一種積極進取的心態。但說它積極並不等於說它是萬靈丹，能解決人生的所有問題。不過，你若相信「天無絕人之路」，以積極的態度面對困境，那麼，在「天助自助」的情況下，你大部分的問題是可以解決的。

跌倒後不急於站起來

一位成功人士曾這麼說：「人生是一個積累的過程，你總會摔倒，即使跌倒了也要懂得抓一把沙子在手裡。」記得一定要抓一把沙子在手裡，只有這樣才有摔倒的意義。

田中光夫曾在東京的一所中學當校工，儘管週薪只有50日圓，但他十分滿足，很認真地幹了幾十年。就在他快要退休時，新上任的校長認為他「連字都不認識，卻在校園工作，太不可思議了」，將他辭退了。

田中光夫苦惱地離開了校園。像往常一樣，他去為自己的晚餐買半磅香腸，但快到山田太太的食品店門前時，他猛地一拍額頭——他忘了，山田太太已經去世了，她的食品店也關門多日了。而不巧的是，附近街區竟然沒有第二家賣香腸的。忽然，一個念頭在他的心頭閃過——為什麼我不開一家專賣香腸的小店呢？他很快拿出自己僅有的一點積蓄接手了山田太太的食品店，專門賣起香腸來。

因為田中光夫靈活多變的經營，五年後，他成了聲名赫赫的熟食加工公司的總裁，他的香腸連鎖店遍及了東京的大街小

巷,並且是產、供、銷「一條龍」服務,頗有名氣的「田中光夫香腸製作技術學校」也應運而生。

一天,當年辭退他的校長得知這位著名的董事長只會寫不多的字時,便打來電話稱讚他:「田中光夫先生,您沒有受過正規的學校教育,卻擁有如此成功的事業,實在是太了不起了。」

田中光夫由衷地回答:「十分感謝您當初辭退了我,讓我摔了個跟頭,從那之後我才認識到自己還能幹更多的事情。否則,我現在肯定還是一位週薪50日圓的校工。」

跌倒並不可怕,關鍵在於我們如何面對跌倒。如果我們經受不住跌倒的打擊,悲觀沉淪,一蹶不振,那麼跌倒便成了我們前進的障礙和精神的負荷。如果我們將跌倒看成一筆精神財富,把跌倒的痛苦化作前進的動力,那麼跌倒便是一種收穫。

瑞典電影大師英格瑪‧伯格曼是最具影響力的電影導演之一,他同樣也重重地跌倒過。

1947年,電影《開往印度之船》殺青後,出道不久的伯格曼自我感覺棒極了,認定這是一部傑作,「不准剪掉其中任何一呎」,甚至連試映都沒有就匆忙首映。結果可想而知,糟透了!伯格曼在酒會上將自己灌得不省人事,次日在一幢公寓的台階上醒來,看著報紙上的影評,慘不忍睹。

這時,他的朋友幽默地說了一句話:「明天照樣會有報紙。」此話讓伯格曼深感安慰。明天照樣會有報紙,冷嘲熱諷

很快都會過去的，你應該爭取在明天的報紙上寫下最新最美的內容。伯格曼從失敗中吸取了教訓，在下一部電影的製作中，只要有空就去錄音部門和沖印廠，學會了與錄音、沖片、印片有關的一切，還學會了攝影機與鏡頭的知識。從此再也沒有技術人員可以唬住他，他可以隨心所欲地達到自己想要的效果。一代電影大師就這樣成長起來了。

　　有時，我們雖然沒有收穫勝利，但我們收穫到了經驗和教訓。失敗讓我們真正瞭解了世界，也讓我們重新認識了自己。失敗雖然給我們帶來了痛苦和悲傷，但也給我們帶來了深刻的反思和啟迪。

禍福相依，
悲痛之中暗藏福分

　　托爾斯泰在他的散文名篇《懺悔錄》中講了這樣一個故事。一個男人被一隻老虎追趕而掉下懸崖，慶幸的是在跌落過程中他抓住了一棵生長在懸崖邊的小灌木。此時，他發現，頭頂那隻老虎正虎視眈眈，低頭一看，懸崖底下還有一隻老虎；更糟的是，兩隻老鼠正在啃咬懸著他的小灌木的根鬚。絕望中，他突然發現附近生長著一簇野草莓，伸手可及。於是，這人拽下草莓，塞進嘴裡，自語道：「多甜啊！」

　　生命進程中，當痛苦、絕望、不幸和危難向你逼近的時候，你是否還能享受一下野草莓的滋味？「塵世永遠是苦海，天堂才有永恆的快樂」，是禁欲主義者編造的用以蠱惑人心的謊言，而苦中求樂才是快樂的真諦。

　　人生是一張單程車票，一去不復返。陷在痛苦泥潭裡不能自拔，只會與快樂無緣。告別痛苦的手得由你自己來揮動，享受今天盛開的玫瑰的捷徑只有一條：堅決與過去分手。

　　「禍福相依」最能說明痛苦與快樂的辯證關係，貝多芬

「用淚水播種歡樂」的人生體驗生動形象地道出了痛苦的正面作用，傳奇人物艾科卡的經歷更有力地闡明了快樂與痛苦的內在聯繫。

艾科卡靠自己的奮鬥終於當上了福特公司的總經理。1978年7月13日，有點得意忘形的艾科卡被大老闆亨利·福特開除了。在福特工作已32年，當了8年總經理，一帆風順的艾科卡突然間失業了。艾科卡痛不欲生，他開始酗酒，對自己失去了信心，認為自己要徹底崩潰了。

就在這時，艾科卡接受了一個新挑戰——應聘到瀕臨破產的克萊斯勒汽車公司出任總經理。憑著他的智慧、膽識和魅力，艾科卡大刀闊斧地對克萊斯勒進行了整頓、改革，並向政府求援。

他舌戰國會議員，取得了巨額貸款，重振企業雄風。在艾科卡的領導下，克萊斯勒公司在最黑暗的日子裡推出了K型車的計畫，此計畫的成功令克萊斯勒起死回生，成為僅次於通用汽車公司、福特汽車公司的第三大汽車公司。1983年7月13日，艾科卡把面額高達813億美元的支票交到銀行代表手裡，至此，克萊斯勒還清了所有債務，而恰恰是5年前的這一天，亨利·福特開除了他。事後，艾科卡深有感觸地說：奮力向前，哪怕時運不濟；永不絕望，哪怕天崩地裂。

「痛苦像一把犁，它一面犁破了你的心，一面掘開了生命的新起源。」孔子說：「未知生，焉知死？」不知苦痛，怎能

體會到幸福和快樂？痛苦就像一枚青青的橄欖，品嘗後才知其甘甜，這品嘗需要勇氣！其實，要讓自己幸福非常簡單，那就是少一分欲望，多一分自信；在身處絕境時，懂得苦中求樂，懂得咬牙堅持才是人生的真諦。

化困境為一種歷練

亨利的父親過世了，他還有一個兩歲大的妹妹，母親為了這個家整日操勞，但是賺的錢難以讓這個家的每個人都能填飽肚子。看著母親日漸憔悴的樣子，亨利決定幫媽媽賺錢養家，因為他已經長大了，應該為這個家貢獻一分自己的力量了。

一天，他幫助一位先生找到了丟失的筆記本，那位先生為了答謝他，給了他1美元。亨利用這1美元買了3把鞋刷和1盒鞋油，還自己動手做了個木頭箱子。帶著這些工具，他來到了街上，每當他看見路人的皮鞋上全是灰塵的時候，就對那位先生說：「先生，我想您的鞋需要擦油了，讓我來為您效勞吧？」他對所有的人都是那樣有禮貌，語氣是那麼真誠，以至於每一個聽他說話的人都願意讓這樣一個懂禮貌的孩子為自己的鞋擦油。他們實在不願意讓一個可憐的孩子感到失望，面對這麼懂事的孩子，怎麼忍心拒絕他呢！就這樣，第一天他賺了50美分，他用這些錢買了一些食品。他知道，從此以後每一個人都不再挨餓了，母親也不用像以前那樣操勞了，這是他能辦到的。當母親看到他揹著擦鞋箱，帶回來食品的時候，她

流下了高興的淚水，說：「你真的長大了，亨利。我不能賺足夠的錢讓你們過得更好，但是我現在相信我們將來可以過得更好。」就這樣，亨利白天工作，晚上去學校上課。他賺的錢不僅為自己交了學費，還足夠維持母親和小妹妹的生活。

其實，生活中有許多人與亨利一樣，但是有很多人卻被環境的困難和阻礙擊倒了。然而，有許多人，因為一生中沒有和阻礙搏鬥的機會，又沒有充分的困難足以刺激起其潛在能力，於是默默無聞。阻礙不是我們的仇敵，而是恩人，它能鍛鍊我們戰勝阻礙的種種能力。森林中的大樹，要不經歷暴風猛雨，樹幹就不能長得結實。同樣，人不遭遇種種阻礙，他的人格、本領是不會得到提高的，所以一切的磨難、困苦與悲哀，都是足以鍛鍊我們的。

一個大無畏的人，越為環境所困，反而越加奮勇。不戰慄，不逡巡，胸膛直挺，意志堅定，敢於對付任何困難，輕視任何厄運，嘲笑任何阻礙。因為憂患、困苦，反而可以加強他的意志、力量與品格，而使他成為人上之人──這才是世間最可敬佩、最可羨慕的一種人物。

磨礪到了，
幸福也就到了

　　世間很多事情都是難以預料的，親人的離去、生意的失敗、失戀、失業⋯⋯打破了我們原本平靜的生活。以後的路究竟應該怎麼走？我們應當從哪裡起步？這些灰暗的影子一直籠罩在我們的頭上，讓我們裹足不前。

　　難道活著真的就這麼難嗎？日子真的就暗無天日嗎？其實，並不是這樣的。在這個世界上，為何有的人活得輕鬆，而有的人卻活得沉重？因為前者拿得起，放得下；而後者是拿得起，卻放不下。很多人在受到傷害之後，一蹶不振，在傷痛的海洋裡沉淪。只得到不失去是不可能的，而一個人在失去之後就對未來喪失信心和希望，又怎麼能在失去之後再得到呢？人生又怎能過得快樂幸福呢？

　　被譽為「經營之神」的松下幸之助9歲起就去大阪做一個小夥計，後來，父親的過早去世又使得15歲的他不得不挑起生活的重擔，寄人籬下的生活使他過早地體驗了做人的艱辛。

　　22歲那年，他晉升為一家電燈公司的檢查員。就在這

時，松下幸之助發現自己得了家族病，已經有9位家人在30歲前因為家族病離開了人世。他沒了退路，反而對可能發生的事情有了充分的思想準備，這也使他形成了一套與疾病抗爭的辦法：不斷調整自己的心態，以平常之心面對疾病，提升機體自身的免疫力、抵抗力與病魔鬥爭，使自己保持旺盛的精力。這樣的過程持續了一年，他的身體變得結實起來，內心也越來越堅強，這種心態也影響了他的一生。

患病一年來的苦苦思索，改良插座的願望受阻後，他決心辭去公司的工作，開始獨立經營插座生意。創業之初，正逢第一次世界大戰，物價飛漲，而松下幸之助手裡的所有資金還不到100元。公司成立後，最初的產品是插座和燈頭，卻因銷量不佳，使得工廠到了難以維持的地步，員工相繼離去，松下幸之助的境況變得很糟糕。

但他把這一切都看成是創業的必然經歷，他對自己說：「再下點功夫，總會成功的！已有更接近成功的把握了。」他相信：堅持下去取得成功，就是對自己最好的報答。皇天不負苦心人，生意逐漸有了轉機，直到6年後拿出第一個像樣的產品，也就是自行車前燈時，公司才慢慢走出了困境。

1929年經濟危機席捲全球，日本也未能倖免，大量產品銷量銳減，庫存激增。1945年，日本的戰敗使得松下幸之助變得幾乎一無所有，剩下的是到1949年時達10億日圓的巨額債務。為抗議把公司定為財閥，松下幸之助不下50次去美軍

司令部進行交涉。終於保住了公司。

一次又一次的打擊並沒有擊垮松下幸之助,如今松下已經成為享譽全世界的知名品牌,而這個品牌也是在不斷的磨礪之中逐漸成長起來的。

如果當初松下幸之助在得知自己患上家族病的那一刻,他將自己埋沒在悲傷之中,那麼,或許今天我們就不會看到松下這個品牌了。

生活中有各種各樣我們想不到的事情,其實這些事情本身並不可怕,可怕的是我們無法從這些事情所造成的影響中抽身出來,儘早地以最新、最好的狀態投入之後的生活。哪怕我們現在身無分文,但我們可以從身無分文起步,一點一滴地打拚。磨礪到了,幸福也就到了。

第四章

吃虧是福,
佔便宜是禍

不怕吃虧的「笨蛋」
是真正的聰明者

　　不知道你是否相信這樣一個理論：不怕吃虧的「笨蛋」是真正的聰明人。沒關係，無論你現在相信與否，看了下面的這個故事，你就知道這個理論是多麼重要了。

　　一個猶太人走進紐約的一家銀行，來到貸款部，大模大樣地坐了下來。

　　「請問先生，我可以為你做點什麼？」貸款部經理一邊問，一邊打量著這個西裝革履、滿身名牌的來者。

　　「我想借些錢。」

　　「好啊，你要借多少？」

　　「1美元。」

　　「只需要1美元？」

　　「不錯，只借1美元，不可以嗎？」

　　「噢，當然，不過只要你有足夠的保險，再多點也無妨。」經理聳了聳肩，漫不經心地說。

　　「好吧，這些做擔保可以嗎？」

猶太人接著從豪華的皮包裡取出一堆股票、國債等，放在經理的桌上。

「總共50萬美元，夠了吧？」

「當然，當然！不過，你真的只要借1美元嗎？」經理疑惑地看著眼前的怪人。

「是的。」說著，猶太人接過了1美元。

「年息為6%，只要你付出6%的利息，1年後歸還，我們就可以把這些股票退還給你。」

「謝謝。」

猶太人說完準備離開銀行。

一直站在旁邊觀看的分行長，怎麼也弄不明白，擁有50萬美元的人，怎麼會來銀行借1美元，於是他急忙追上前去，對猶太人說：「啊，這位先生……」

「有什麼事嗎？」

「我實在弄不清楚，你擁有50萬美元，為什麼只借1美元呢？你不以為這樣做你很吃虧嗎？要是你想借30萬或40萬元的話，我們也會很樂意……」

「請不必為我操心。在我來貴行之前，已問過了幾家金庫，他們保險箱的租金都很昂貴。所以嘛，我就準備在貴行寄存這些東西，一年只需要花6美分，租金簡直太便宜了。」

看到這裡，我們不得不感嘆這個猶太商人的精明，他雖然吃小虧，卻佔了「大便宜」。事實往往就是這樣，那種表面上

看不怕吃虧的「笨蛋」,其實才是真正聰明的人。

不怕吃虧是做人的一種境界,也是處世的一種睿智。人生一世,真正有智慧的人,不在乎「裝傻充愚」的表面性吃虧,而是看重實質性的「福利」。正如古語所言:「吃得虧中虧,方得福外福。貪看無邊月,失落手中珠。」

塞翁失馬，焉知非福

在幸福與災禍之間，古人已發現了它們的辯證關係，「塞翁失馬，焉知非福」就是最好的例證。

古時有一老翁，住在兩國的邊境，不小心丟了一匹馬，鄰居們都認為是件壞事，替他惋惜。老翁卻說：「你們怎麼知道這不是件好事呢？」眾人聽了之後大笑，認為老翁丟馬後急瘋了。幾天以後，老翁丟的馬自己跑了回來，還帶回來一群馬。鄰居們看了，都十分羨慕，紛紛前來祝賀這件從天而降的大好事。老翁卻板著臉說：「你們怎麼知道這不是件壞事呢？」大夥聽了，哈哈大笑，都認為老翁是被好事樂瘋了，連好事壞事都分不出來。果然不出所料，過了幾天，老翁的兒子騎馬玩，一不小心把腿摔斷了。眾人都勸老翁不要太難過，老翁卻笑著說：「你們怎麼知道這不是件好事呢？」鄰居們都糊塗了，不知老翁是什麼意思。事過不久，發生戰爭，所有身體好的年輕人都被拉去當了兵，派到最危險的前線去打仗。而老翁的兒子因為腿摔斷了未被徵用，他在家鄉大後方安全幸福地生活著。

這就是老子《道德經》所宣揚的一種辯證思想。基於這種

辯證關係，你可以明白，即使是看起來很壞的「吃虧」，也能為你帶來意想不到的好處。

生活中總有這樣的人，他們做事時一門心思考慮不能便宜了別人，卻忽視了對自己是否有利。不便宜別人就得自己吃虧，所以做事要有智慧，不要怕便宜了別人，「便宜」別人又得益自己，何樂而不為呢？

真正聰明的人，總是能從吃虧當中學到智慧。「吃虧是福」是一種哲學思路，其前提有兩個，一個是知足，另一個就是安分。知足則會對一切都感到滿意，對所得到的一切內心充滿感激之情；安分則使人從來不奢望那些根本就不可能得到的或者根本就不存在的東西。沒有妄想，也就不會有邪念。所以，表面上看來「吃虧是福」、「知足」、「安分」有不思進取之嫌，但是，這些思想也是在教導人們如何成為對自己有清醒認識的人。

不要因為吃一點虧而斤斤計較，開始時吃點虧，是為以後的不吃虧打基礎，不計較眼前的得失是為了將來不必患得患失。只有那些沒有智慧的人才總怕便宜了別人，到頭來吃虧的反而是自己。

與人分享，
最後讓自己也幸福

俗語說：「贈花予人，手上留香！」學會付出是美好人性的體現，同時也是一種處世智慧和快樂之道。幸福猶如香水，你不可能灑向別人時自己卻一滴不沾。學會分享、給予和付出，你會感受到捨己為人，不求任何回報的快樂和滿足。

在生活中，超越狹隘、幫助他人、散播美麗、善意地看待這個世界……快樂、幸福和豐收會時時與我們相伴。正如羅曼‧羅蘭所言：「快樂和幸福不能靠外來的物質和虛榮，而要靠自己內心的高貴和正直。」

貝爾太太是美國一位有錢的貴婦，她在亞特蘭大城外修了一座花園。花園又大又美，吸引了許多遊客，他們毫無顧忌地跑到貝爾太太的花園裡遊玩。

年輕人在綠草如茵的草坪上跳起了歡快的舞蹈；小孩子鑽進花叢中捕捉蝴蝶；老人蹲在池塘邊垂釣；有人甚至在花園當中支起了帳篷，打算在此度過他們浪漫的盛夏之夜。貝爾太太站在窗前，看著這群快樂得忘乎所以的人，看著他們在屬於她

的園子裡盡情地唱歌、跳舞、歡笑。她越看越生氣，就叫僕人在園門外掛了一塊牌子，上面寫著：「私人花園，未經允許，請勿入內。」可是這一點也不管用，那些人還是成群結隊地走進花園遊玩。貝爾太太只好讓她的僕人前去阻攔，結果發生了爭執，有人竟拆走了花園的籬笆牆。

後來貝爾太太想出了一個絕妙的主意，她讓僕人把園門外的那塊牌子取下來，換上了一塊新牌子，上面寫著：「歡迎你們來此遊玩，為了安全起見，本園的主人特別提醒大家，花園的草叢中有一種毒蛇。如果哪位不慎被蛇咬傷，請在半小時內採取緊急救治措施，否則性命難保。最後告訴大家，離此地最近的一家醫院在威爾鎮，驅車大約50分鐘即到。」

這真是一個絕妙的主意，那些貪玩的遊客看了這塊牌子後，對這座美麗的花園望而卻步了。

可是幾年後，有人再往貝爾太太的花園去，卻發現那裡因為園子太大，走動的人太少而真的雜草叢生，毒蛇橫行，幾乎荒蕪了。孤獨、寂寞的貝爾太太守著她的大花園，她非常懷念那些曾經來她的園子裡玩的快樂的遊客。

籬笆牆是農家用來把房子四周的空地圍起來的類似柵欄的東西，有的上面還有荊棘，不小心碰上會扎入皮膚。籬笆牆的存在是向別人表示這是屬於自己的「領地」，要進入必須徵得自己的同意。貝爾太太用一塊牌子為自己築了一道特別的「籬笆牆」，隨時防範別人的靠近。這道看不見的籬笆牆就是自我

封閉。

不懂得與他人分享的自我封閉者,就像契訶夫筆下的裝在套子中的人一樣,把自己嚴嚴實實地包裹起來,因此很容易陷入孤獨與寂寞之中。他們在封閉自己的同時,也把快樂和幸福封閉在外面。

每個人心中都有一座幸福的大花園。如果我們願意讓別人在此種植幸福,同時也讓這份幸福滋潤自己,那麼我們心靈的花園就永遠不會荒蕪。

不做虧本生意，
吃小虧賺大便宜

　　這個世界上，誰都不願意做虧本的生意。最先嚐到甜頭的人未必到最後也飽嚐碩果，倒是最先吃虧的人佔了最後的大便宜。

　　東漢時期，有一個名叫甄宇的在朝官吏，時任太學博士。他為人忠厚，遇事謙讓，人緣極好。有一年臨近除夕，皇上賜給群臣每人一隻外番進貢的活羊。

　　具體分配時，負責人為難了：因為這批羊有大有小，肥瘦不均，難以分發。大臣們紛紛獻策：

　　有人主張抓鬮分羊，好壞全憑運氣。

　　有人主張把羊統統殺掉，肥瘦搭配，人均一份。

　　……

　　朝堂上像炸開了鍋，七嘴八舌爭論不休。這時，甄宇說話了：「分隻羊有這麼費勁嗎？我看大夥兒隨便牽一隻羊走算了。」

　　說完，他率先牽了最瘦小的一隻羊回家過年。

眾大臣紛紛效仿，羊很快被分發完畢，眾人皆大歡喜。

此事傳到光武帝耳中，甄宇得了「瘦羊博士」美譽，稱頌朝野。不久在群臣推舉下，他又被朝廷提拔為太學博士院院長。

甄宇牽走了小羊，從表面上看他是吃了虧，但是，他得到了群臣的擁戴、皇上的器重。實際上，甄宇是佔了大便宜。故意吃虧不是虧，而是有著深謀遠慮的精明之舉。

然而，在生活中，一些人的目光只會停留在眼前的利益上，無論做什麼都不捨得一分一釐，只求自己獨吞利益，常常因一時賺得小利，而失去了長遠之大利，可謂撿了芝麻，丟了西瓜。富豪李嘉誠卻正好相反，他就深諳捨棄小利而贏得大利的道理。

李嘉誠出任十餘家公司的董事長或董事，但他把所有的袍金都歸入公司帳上，自己全年只拿5,000港元。以20世紀80年代中期的水準，像「長實」（長江實業有限公司）這樣盈利狀況甚佳的大公司主席的袍金，一間公司就有數百萬港元。5,000港元還不及公司一名清潔工的年薪。進入90年代，袍金便遞增到1,000萬港元上下。而李嘉誠20多年依舊維持不變。

李嘉誠每年放棄了上千萬元袍金，卻獲得公司眾股東的一致好感，愛屋及烏，他們自然也信任長實的股票。甚至李嘉誠購入其他公司股票，投資者也隨其買進。李嘉誠是大股東，長實的股票被抬高，股值大增，得大利的當然是李嘉誠。就這

樣,李嘉誠每欲想辦大事,總會很容易獲得股東大會的通過。

1994年4月至1995年4月,李嘉誠所持長實、生啤、新工股份所得年息共計有124億港元——尚未計算他的非經常性收入,以及海外股票的價值。

有人說,一般的商家只能算精明,唯李嘉誠一類的商界超人,才具備經商的智慧。李嘉誠其實是小利不取、大利不放,甚至可以說是以小利為誘餌釣大魚。

人生中,是看到眼前的比較直接的小利益,還是把眼光放長遠一些,發現更大但可能比較隱蔽的大利益呢?這可是個很大的學問。要學會不做虧本的買賣,更要透過吃小虧賺大便宜,這才是智者的智慧。

眼光放遠，
吃眼前虧換長線利

　　人們總喜歡用「鼠目寸光」來形容那些沒有長遠眼光的人，這是很有道理的。因為做人如果有「心機」，有時候為環境所迫，就必須吃「眼前虧」，否則可能要吃更大的虧。

　　一天，獅子建議9隻野狗同牠一起合作獵食。牠們打了一整天的獵，一共逮了10隻羚羊。獅子說：「我們得去找個英明的人，來給我們分配這頓美餐。」

　　一隻野狗說：「一對一就很公平。」獅子很生氣，立即把牠打昏在地。

　　其他野狗都嚇壞了，其中一隻野狗鼓足勇氣對獅子說：「不！不！我的兄弟說錯了，如果我們給您9隻羚羊，那您和羚羊加起來就是10隻，而我們加上一隻羚羊也是10隻，這樣我們就都是10隻了。」

　　獅子滿意了，說道：「你是怎麼想出這個分配妙法的？」野狗答道：「當您衝向我的兄弟，把牠打昏時，我就立刻增長了這點智慧。」

俗話說,「好漢不吃眼前虧」,可寓言中說的則是好漢要懂得在不利於自己的形勢之下吃點虧。倘若野狗們堅持一對一地分配羚羊,牠們極有可能會激怒獅子,不僅吃不了羚羊,甚至有可能斷送了生命。而第二隻野狗的做法,不僅保全了自己,還為以後能繼續和獅子一起獵食提供了保障。

假設這樣一種情況:你開車和別的車擦撞,對方只是「小傷」,甚至可以說根本不算傷,可是對方車上下來四個彪形大漢,個個橫眉怒目,圍住你索賠,眼看四周荒僻,不可能有人對你伸出援助之手。請問:你要不要吃「賠錢了事」這個虧呢?

當然可以不吃,如果你能「說」退他們,或是能「打」退他們,而且自己不會受傷。

如果你不能說又不能打,那麼看來也只有「賠錢了事」了。因為,「賠錢」就是「眼前虧」,你若不吃,換來的可能是更大的損失。

所以說要把眼光放遠,敢於吃「眼前虧」,因為「眼前虧」不吃,可能要吃更大的虧。

一個人實力微弱、處境困難的時候,也是最容易受到打擊和欺侮的時候。在這種情況下,人們的抗爭力最差,如果能避開大劫也算很幸運了。假如此時遭到他人過分的「待遇」,最好是「退一步海闊天空」,先吃一下眼前虧,立足於「留得青山在,不怕沒柴燒」,用「臥薪嚐膽,待機而動」作為忍耐與

發憤的動力。漢朝開國名將韓信是精明地吃「眼前虧」的最佳典型。鄉里惡少要韓信爬過他的胯下，韓信二話不說，爬了。如果不爬呢？恐怕一頓拳腳，韓信不死也只剩半條命，哪來日後的統領雄兵、叱吒風雲？他吃點虧，為的就是保住有用之軀，留得青山在，不怕沒柴燒啊！

所以，當你碰到對你不利的環境時，千萬別逞血氣之勇，也千萬別認為「士可殺不可辱」，寧可吃吃眼前虧。

看準情況再投注，
用大捨換大得

　　有付出才會有回報，先要給予才能索取。在商場上摸爬滾打的商人深諳此道。不過，投注要有眼光，看清楚了再大膽下注，方可用大捨換來大得。

　　湯姆斯是一位傑出的商業家，他的投資範圍十分廣泛，包括旅館、戲院、工廠、自助洗衣店等等。出於某種考慮，他認為還應該再投資雜誌出版業。

　　經他人介紹，湯姆斯看中了雜誌出版家傑克先生。傑克是出版行業的大紅人，很多出版商都爭相羅致，但始終無法如願。如何才能把傑克負責的雜誌弄到手，並將他本人網羅到自己旗下呢？湯姆斯決定不惜重金進行說服。

　　事先，湯姆斯經過調查和觀察，知道傑克本人恃才自傲，而且瞧不起外行人。但是另一方面，傑克現在已是子孫滿堂，對於獨立操持高度冒險的事業已經沒有當初的興趣，而且對於整日泡在辦公室裡處理日常瑣事早已深感厭倦。因此，給傑克送「東西」，就要和別人送的不一樣。

湯姆斯開門見山地承認自己對出版業一竅不通，需要借助有才幹的人促成事業的成功。接著，湯姆斯把一張2.5萬美元的支票放在桌子上，對傑克說：「除這點錢外，我們還要再給你應該得到的那些股份和長期的利益。」為了解決傑克公務的煩惱，湯姆斯指著幾位部屬說：「這些人都歸你使用，主要是為了幫助你處理辦公室的煩瑣事務。」當傑克提出所有經濟實惠要現金不要股票時，湯姆斯又耐心地告訴他股票在過去幾年中如何漲價、利益如何可觀、利息如何高等，同時還強調，他會向傑克提供長期的安全福利。

　　對於傑克來說，這些條件不僅滿足了他的迫切需要，還使他的出版業有了足夠資金和拓展業務的財力保證。於是傑克同意將他的雜誌投到湯姆斯的旗下。雙方簽訂了5年的合約，內容包括：付給傑克4萬美元現金，其他紅利以股票的形式支付等等。

　　湯姆斯很有眼光，看到了傑克背後的潛在價值，於是大膽下注。他選擇「送」的方式，這樣出手也很大方，所作所為也還算「正大光明」。起初在表面上看湯姆斯是主動吃大虧，是在賠，但最後的結果卻是湯姆斯大賺特賺。

　　很多時候，吃虧就像是在賭博，不僅要有膽量，還要有眼光，看準了才能大膽去投注，否則你的「送」就會肉包子打狗，有去無回。所以，每次你打算「送」之前，一定要睜大眼睛。

吃虧要吃在明處，
得利要得在暗處

世事變幻莫測，人性微妙複雜，大家往往都希望維護自己的利益，贏得越多越好。然而，有時為了贏利，我們在明處吃些小虧是完全必要的。

美國德克薩斯州有一家年代久遠的汽車廠，它的效益一直不好，工廠面臨倒閉。該廠總裁決定從推銷入手，扭轉局面。

採用什麼樣的推銷方法最好呢？總裁認真反思了該廠的情況，針對存在的問題，對競爭對手以及其他商品的推銷術進行了認真的比較分析，最後博採眾長，大膽設計了「買一送一」的推銷方法。該廠積壓著一批轎車，未能及時脫手，資金不能回籠，倉租利息卻不斷增加。所以廣告中便特別聲明──誰買一輛馳利牌轎車，就可以免費得到一輛卡爾牌轎車。

買一送一的推銷方法，由來已久，使用面也很廣，但一般做法只是免費贈送一些小額商品。如買電視機，送一個小玩具；買錄影機，送一盒錄影帶等。這種給顧客一點實惠的推銷方式，最初的確能起到很大的促銷作用。但時間一久，使用者

多了，消費者也就慢慢不感興趣了。

給顧客送禮給回扣的做法，也是個推銷的老辦法。但是，所送禮品的價值或回扣數目同樣都較小，不可能起到引起消費者興趣的效果。

而這家汽車廠居然大膽推出買一輛轎車便送一輛轎車的「出格」辦法，果然一鳴驚人。許多人聞訊後不辭遠途也要來看個究竟。該廠的經銷部一下子門庭若市，過去無人問津的積壓轎車很快被人紛紛買走，該廠亦一一兌現廣告中的承諾，免費贈送一輛嶄新的卡爾牌轎車。

如此銷售，等於每輛轎車少賣了不少錢，是不是虧了血本？其實不然，這家汽車廠不僅沒有虧本，而且由此得到了多種好處。因為這些車都是積壓的庫存車，僅以積壓一年計算，每輛車損失的利息、倉租以及保養費等就已接近了這個數目。

而現在，不僅積壓的車全賣光了，而且資金迅速回籠，可以擴大再生產了。另外，隨著馳利牌轎車使用者的增多，該品牌的市場佔有率迅速提高，其名聲變大的同時，另一個新的牌子卡爾牌也被帶出來了──這一低檔轎車以「贈品」問世，最後開始獨立行銷。

這家老汽車廠從此起死回生，生意興隆。

老汽車廠的起死回生，充分驗證了吃虧在競爭中的必要性。表面上讓大家覺得虧了血本，但銷量與日俱增，庫存量大幅度降低，老款和新款產品捆綁式佔據市場，讓這家企業在背

地裡賺大了。

　　所以，為了整體利益、長遠利益，一定要學會在別人看得見的地方吃虧，使別人對自己產生信任。而自己由吃明虧得到的利益，定會比明爭明鬥要多。

與他人爭執時，
懂得後退一步

　　生活中，當我們與他人發生爭執時，要懂得後退一步。所謂「退一步海闊天空」，不無道理。

　　明朝馮夢龍在《廣笑府》中記載了這樣一則故事：

　　從前，有父子二人，性格都非常倔強，生活中從來不對人低頭，也不讓人，且不後退半步。一日，家中來了客人，父親命兒子去市場買肉。兒子拿著錢在屠夫處買了幾斤上好的肉，用繩子穿著轉身回家，來到城門時，迎面碰上一個人，雙方都寸步不讓，也堅決不避開，於是，面對面地挺立在那兒，相持了很久很久。

　　日已正中，家中還在等肉下鍋待客，做父親的不由得焦急起來，便出門去尋找買肉未歸的兒子。剛到城門處，看見兒子還僵立在那兒，半點也沒有讓人的意思。父親心下大喜：這真是我的好兒子，性格剛直如此；又大怒：你算老幾，竟敢在我父子面前如此放肆。他躍步上前，大聲說道：「好兒子，你先將肉送回去，陪客人吃飯，讓我站在這兒與他比一比，看誰撐

得過誰？」

話音剛落，父親與兒子交換了一個位置，兒子回家去烹肉煮酒待客；父親則站在那個人的對面，如怒目金剛般挺立不動。惹得眾多的圍觀者大笑不止。

故事很可笑，它告訴我們：懂得退步，才會有更大的收穫。就因為在一些小事上發生了爭執，兩位大作家——列夫·托爾斯泰和屠格涅夫的友情曾中斷了17年。

1878年，托爾斯泰在經歷了長期的內疚和不安後，主動寫信給屠格涅夫表示道歉。他寫道：「近日想起我同您的關係，我又驚又喜。我對您沒有任何敵意，謝謝上帝，但願您也是這樣。我知道您是善良的，請您原諒我的一切！」

屠格涅夫立即回信說：「收到您的信，我深受感動。我對您沒有任何敵對情感，假如說過去有過，那麼早已消除——只剩下了對您的懷念。」

一場積聚多年的冰雪終於融化了。不過，此後不久，另一件事又差點使他們的關係再次陷入危機。幸運的是，吃一塹長一智，他們這次都知道如何避開了。

這一年，在托爾斯泰的盛情邀請下，屠格涅夫到勃納莊園作客。有一天，托爾斯泰請客人一起去打獵。屠格涅夫瞄準一隻山雞，「砰」地開了一槍。

「打死了嗎？」托爾斯泰在原地喊道。

「打中了！您快讓獵狗去撿。」屠格涅夫高興地回答。

獵狗跑過去之後很快便回來了，但一無所獲。「說不定只是受了傷。」托爾斯泰說，「獵狗不可能找不到。」

「不對！我看得清清楚楚，『啪』的一聲掉下去，肯定死了。」屠格涅夫堅持說。

他們雖然沒有吵架，但山雞失蹤無疑給兩個人帶來了不快之感，彷彿二人之中有一個說了假話。可是，這一次他們都意識到不應再爭執下去，便把話題轉向別處，儘量在愉快的消遣中打發時光。

當天晚上，托爾斯泰悄悄地吩咐兒子再去仔細搜索。事情終於弄清楚了：山雞的確被屠格涅夫一槍打中了，不過正好卡在了一根樹杈上面。

當孩子把獵物帶回來時，兩位老朋友簡直開心得像孩童一般，相視大笑。

可見，人與人出現矛盾時，正確的做法應是「求大同，存小異」、「大事化小，小事化了」，以互諒互讓的態度而不是用爭辯的方法去處理。

有爭執時，讓步是一種修養，讓步是一種虛擬的退卻。

社會中，人與人之間應相互理解、相互尊重，尤其是在與人討論、交談時，對於別人的見解，我們不應輕易否定，即使其見解與你相左。如果能夠做到理解別人、體貼別人，那麼就能少一分盲目。

要善於發現別人見解的正確性，只有這樣，才能多角度地看問題，才會發現固守自己的思維定式，有時顯得多麼無知和可笑。因此，無論何時都要注意，別聽到不同的觀點就怒不可遏。透過細心觀察，你會發覺，也許錯誤在你這一邊，你的觀點不一定都與事實相符。

　　在人際交往中，讓步是一種常用的處理問題的方式，它不是懦弱、失去人格的表現，而是一種修養。

　　讓步其實只是暫時的、虛擬的退卻，進一尺，有時就必須先做出退一寸的忍讓。

　　主動讓「道」是一種寬容，是在人際交往中有較強的相容度。相容就是寬厚、容忍、心胸寬廣、忍耐性強。

　　曾有一位青年與長輩發生爭執，結果不歡而散。後來，他說：「真希望這件事情從未發生過。假如我稍微有點警覺性，覺察到他對這個話題多麼敏感，很可能就會婉轉地說：『我們看法不同，那也沒什麼。』這樣就可以避免發生不愉快。」

　　凡有爭論，雙方幾乎都各有言之成理的論點，因此，如果你顯然無法令對方改變心意，對方也顯然無法說服你，就應該立刻罷手。切記「一言既出，駟馬難追」，以免造成無法補救的傷害。

　　想避免出現僵局，一種有效的辦法是說句「我們兩人都是對的」，然後再轉向比較安全的話題。

不管什麼情況，無謂的爭執就是浪費時間。只要能避免徒勞無功的爭執，人人都是贏家。

第 五 章

站到對方的位置,
看到自己的問題

換位思維的藝術

　　從前有一個老國王,他平時頭腦很古怪,一天,老國王想把自己的王位傳給兩個兒子中的一個。他決定舉行比賽,要求是這樣的:誰的馬跑得慢,誰就將繼承王位。兩個兒子都擔心對方弄虛作假,使自己的馬比實際跑得慢,就去請教宮廷的弄臣(中世紀宮廷內或貴族家中供人娛樂的人)。這位弄臣只用了兩個字,就說出了確保比賽公正的方法。這兩個字就是:對換。

　　所謂換位思維,就是設身處地將自己擺放在對方位置,用對方的視角看待世界。

　　在與他人的交往中,我們需要學會換位思維,設身處地為他人考慮,也就是我們常說的將心比心。換位思維可以使他人感受到你的愛心與關懷,同時,也許會給你自己帶來意想不到的好處。

　　英國的一個小鎮上,有一位富有但孤單的老人準備出售他漂亮的房子,搬到療養院去。

　　消息一傳開,立刻有許多人登門造訪,提出的房價高達

30萬美元。

這些人中有一個叫羅伊的小夥子，他剛剛大學畢業，沒有多少收入。但他特別喜歡這所房子。

他悄悄打聽了一下別人準備給出的價格，手裡拿著僅有的3,000美元，想著該如何讓老人將房子賣給他而不是別人。

這時，羅伊想起一個老師說的話——找出賣方真正想要的東西給他。

他尋思許久，終於找到問題的關鍵點：老人最牽掛的事就是將不能在花園中散步了。

羅伊就跟老人商量說：「如果你把房子賣給我，您仍能住在您的房子裡而不必搬到療養院去，每天您都可以在花園裡散步，而我則會像照顧自己的爺爺一樣照顧您。一切都像平常一樣。」

聽了這話，老人那張皺紋縱橫的老臉，綻開了燦爛的笑容，笑容中，充滿愛和驚喜，當即，老人與羅伊簽下了合約，羅伊首付3,000美元，之後每月付500美元。

老人很開心，他把整個屋子的古董傢俱都作為禮物送給了羅伊，並高興地向大家宣布這所房子已經有了新的主人。

羅伊不可思議地贏得了經濟上的勝利，老人則贏得了快樂和與羅伊之間的親密關係。

由上我們可以知道，換位思維除了感人之所感外，還要知人之所感，即對他人的處境感同身受，客觀理解。

換位思維是在情感的自我感覺基礎上發展起來的。首先要面對自己的情感。我們自己越是坦誠，研讀他人的情緒感受也就越準確。

　　每個人天生都會有一定程度的體察他人情感的敏感性。人如果沒有這種敏感性，就會產生情感失聰。這種失聰會使人們在社交場合不能與人和諧相處，或是誤解別人的情緒，或是說話不考慮時間場合，或是對別人的感受無動於衷。所有這些，都將破壞人際關係。

　　換位思維不僅對保持人與人之間的和睦關係非常重要，而且對任何與人打交道的工作來說，都是至關重要的。無論是做銷售，還是從事心理諮詢，或給人治病以及在各行各業中從事領導工作，體察別人內心的換位思維都是取得優秀業績的關鍵因素。

由彼觀彼，
而不是由己觀彼

換位思維的一個顯著特徵就是站在對方的角度看問題。這樣，我們將得到一個嶄新的視角，這有利於問題的有效解決。

著名的牧師約翰・古德諾在他的著作《如何把人變成黃金》中舉了這樣一個例子：

多年來，作為消遣，我常常在距家不遠的公園散步、騎馬，我很喜歡橡樹，所以每當我看見小橡樹和灌木被不小心引起的火燒死，就非常痛心，這些火不是由粗心的吸菸者引起，它們大多是那些到公園裡體驗土著人生活的遊人所引起，他們在樹下烹飪而燒著了樹。火勢有時候很猛，需要消防隊才能撲滅。

在公園邊上有一個佈告牌警告說：凡引起火災的人會被罰款甚至拘禁。

但是這個佈告豎在一個人們很難看到的地方，尤其兒童更是很難看到它。雖然有一位騎馬的員警負責保護公園，但他很不盡職，火仍然常常蔓延。

有一次，我跑到一個員警那裡，告訴他有一處著火了，而且蔓延很快，我要求他通知消防隊，他卻冷淡地回答說，那不是他的事，因為不在他的管轄區域內。我急了，所以從那以後，當我騎馬出去的時候，我擔任自己委任的「單人委員會」的委員，保護公共場所。每當看見樹下著火，我非常著急。最初，我警告那些小孩子，引火可能被拘禁，我用權威的口氣，命令他們把火撲滅。如果他們拒絕，我就恫嚇他們，要將他們送到警察局——我在發洩我的反感。

結果呢？兒童們當面順從了，滿懷反感地順從了。在我消失在山後邊時，他們重新點火，讓火燒得更旺——希望把全部樹木燒光。

這樣的事情發生多了，我慢慢教會自己多掌握一點人際關係的知識，用一點手段，一點從對方立場看事情的方法。

於是我不再下命令，我騎馬到火堆前，開始這樣說：「孩子們，很高興吧？你們在做什麼晚餐？……當我是一個小孩子時，我也喜歡生火玩，我現在也還喜歡。但你們知道在這個公園裡，火是很危險的，我知道你們沒有惡意，但別的孩子們就不同了，他們看見你們生火，他們也會生一大堆火，回家的時候也不撲滅，讓火在乾葉中蔓延，傷害了樹木。如果我們再不小心，不僅這兒沒有樹了。而且，你們可能被拘捕入獄，所以，希望你們懂得這個道理，今後注意點。其實我很喜歡看你們玩耍，但是那很危險……」

這種說法產生了很大效果。兒童們樂意合作，沒有怨恨，沒有反感。他們沒有被強制服從命令，他們覺得好，古德諾也覺得好。因為他考慮了孩子們的觀點——他們要的是生火玩，而他達到了自己的目的——不發生火災，不毀壞樹木。

　　站在對方的角度看問題，往往可以使我們更清晰地瞭解對方的處境，也可以使對方更真切地感受到我們的關懷，促進事情的順利發展。

　　被譽為世界上最偉大的推銷員的喬‧吉拉德是一個善於站在對方角度考慮問題的人，這一特點也是成就他的推銷神話的秘密之一。

　　曾經有一次一位中年婦女走進喬‧吉拉德的展銷室，說她想在這兒看看車打發一會時間。閒談中，她告訴喬‧吉拉德她想買一輛白色的福特車，就像她表姊開的那輛一樣，但對面福特車行的推銷員讓她過一小時後再去，所以她就先來這兒看看。她還說這是她送給自己的生日禮物：「今天是我55歲生日。」

　　「生日快樂！夫人。」喬‧吉拉德一邊說，一邊請她進來隨便看看，接著出去交代了一下，然後回來對她說：「夫人，您喜歡白色車，既然您現在有時間，我給您介紹一下我們的雙門式轎車——也是白色的。」

　　他們正談著，女秘書走了進來，遞給喬‧吉拉德一束玫瑰花。喬‧吉拉德把花送給那位夫人：「祝您生日快樂，尊敬的

夫人。」

顯然她很受感動,眼眶都濕了。「已經很久沒有人給我送禮物了。」她說,「剛才那位福特推銷員一定是看我開了部舊車,以為我買不起新車,我剛要看車他卻說要去收一筆款,於是我就上這兒來等他。其實我只是想要一輛白色車而已,只不過表姊的車是福特,所以我也想買福特。現在想想,不買福特也可以。」

最後她在喬‧吉拉德這兒買走了一輛雪佛萊,並寫了一張全額支票,其實從頭到尾喬‧吉拉德的言語中都沒有勸她放棄福特而買雪佛萊的詞句。只是因為吉拉德對她的關心使她感覺受到了重視,契合了這位婦女當時的心理,於是她放棄了原來的打算,轉而選擇了喬‧吉拉德的產品。

上面兩則故事告訴了我們這樣一個道理:無論面對什麼樣的人,解決什麼樣的問題,都要努力做到站在對方的角度看問題,這樣,說出的話、提出的解決方案才能迎合對方的心理,使事情的進展更加順利。

為對方著想,替自己打算

換位思維的行為主旨之一就是為對方著想。在生活中,若遇到只為自己的利益著想的人,我們常常會說這個人自私,鄙視其為人,自然就會很少與其來往。相反,若遇到的是一個能為他人著想的人,我們常常會敬佩其為人,也很樂意與他來往。推己及人,為了創建一個良好的人際交往環境,我們應該盡可能地為對方著想。

倘若期望與人締結長久的友誼,彼此都應該為對方著想。釣不同的魚,投放不同的餌。卡內基說:「每年夏天,我都去梅恩釣魚。以我自己來說,我喜歡吃楊梅和奶油,可是我看出由於若干特殊的理由,魚更愛吃小蟲。所以當我去釣魚的時候,我不想我所要的,而想魚兒所需要的。我不以楊梅或奶油作為釣餌,而是在魚鉤上掛上一條小蟲或是一隻蚱蜢,放入水裡,向魚兒說:你喜歡吃嗎?」

如果你希望擁有完美的人際關係,你為什麼不採用卡內基的方法去「釣」一個個的人呢?

依特‧喬琪,美國獨立戰爭時期的一位高級將領,戰後依

舊寶刀未老，雄踞高位，於是有人問他：「很多戰時的領袖現在都退休了，您為什麼還身居高位呢？」

他是這樣回答的：「如果希望官居高位，那麼就應該學會釣魚。釣魚給了我很大的啟示，從魚兒的願望出發，放對了魚餌，魚兒才會上鉤，這是再簡單不過的道理。不同的魚要使用不同的釣餌，如果你一廂情願，長期使用一種魚餌去釣不同的魚，你一定會徒勞無功的。」

這的確是經驗之談，是智慧的總結。總是想著自己，不顧別人的死活，不管對方的感受，心中只有「我」，是不可能擁有完美的人際關係的。

為什麼有些人總是「我」字當頭呢？這是孩子的想法，是不近情理的作為，是長不大的表現。只要認真地觀察一下孩子，你就會發現孩子那種「我」字當頭的本性。當然，一個人如果完全不注意自己的需要，那是不可能的，也是不切實際的。因此，注意你自己的需要，這是可以理解的，可是如果你信奉「人不為己，天誅地滅」，變成了一個十足的利己主義者，那麼，你就會對他人漠不關心，難道還希望他人對你關懷備至嗎？

卡內基說，世界上唯一能夠影響對方的方法，就是時刻關心對方的需要，並且要想方設法滿足對方的這種需要。在與對方談論他的需要時，你最好真誠地告訴對方如何才能達到目的。

有一次，愛默遜和他的兒子，要把一頭小牛趕進牛棚裡去，可是父子倆都犯了一個常識性的錯誤，他們只想到自己所需要的，沒有想到那頭小牛所需要的。愛默遜在後面推，兒子在前面拉。可是那頭小牛也跟他們父子一樣，也只想自己所想要的，所以挺起四腿，拒絕離開草地。

　　這種情形被旁邊的一個愛爾蘭女傭看到了。這個女傭不會寫書，也不會做文章，可是至少在這次，她懂得牲口的感受和習性，她想到這頭小牛所需要的。只見這個女傭把自己的拇指放進小牛的嘴裡，讓小牛吮吸拇指，女傭使用很溫和的方法把這頭倔強的小牛引進了牛棚裡。

　　這些道理都是最淺顯而明白的，任何人都能夠獲得這種技巧。可這種「只想自己」的習慣也不是很容易就能改變的，因為你自從來到這個世界上，你所有的舉動、出發點都是為了你自己。

　　亨利‧福特說：「如果你想擁有一個永遠成功的秘訣，那麼這個秘訣就是站在對方的立場上考慮問題——這個立場是對方感覺到的，但不一定是真實的。」

　　這是一種能力，而這種能力就是你獲得成功的技巧。

站在對方立場說話，
他才容易聽你的話

　　換位可以使說服更有效。換位思維可以洞察對方的心理需求，便於及時地調整自己，挖掘自己與對方的相同點，使談話的氛圍更輕鬆，在不知不覺中使對方認同自己的觀點。

　　讓我們先來看一看發生在古代的一個成功說服他人的真實故事。

　　趙太后剛剛執政，秦國就急忙進攻趙國。趙太后向齊國求救。齊國說：「一定要用長安君來做人質，援兵才能派出。」趙太后不肯答應，大臣們極力勸諫。太后公開對左右近臣說：「有誰敢再說讓長安君去做人質，我一定唾他！」

　　左師公觸龍願意去見太后。太后氣沖沖地等著他。觸龍做出快步走的姿勢，慢慢地挪動著腳步，到了太后面前謝罪說：「老臣腳有毛病，竟不能快跑，很久沒來看您了。我私下原諒自己，又總擔心太后的貴體有什麼不舒適，所以想來看望您。」太后說：「我全靠坐輦車走動。」觸龍問：「您每天的飲食該不會減少吧？」太后說：「吃點稀粥罷了。」觸龍說：

「我近來很不想吃東西，自己卻勉強走走，每天走上三四里，就慢慢地稍微增加點食慾，身上也比較舒適了。」太后說：「我做不到。」太后的怒色稍微消解了些。

左師說：「我的兒子舒祺，年齡最小，不成才；而我又老了，私下疼愛他，希望能讓他遞補上黑衣衛士的空額，來保衛王宮。我冒著死罪稟告太后。」太后說：「可以。年齡多大了？」觸龍說：「15歲了。雖然還小，希望趁我還沒入土就託付給您。」太后說：「你們男人也疼愛小兒子嗎？」觸龍說：「比婦人還厲害。」太后笑著說：「婦人更厲害。」觸龍回答說：「我私下認為，您疼愛燕后就超過了疼愛長安君。」太后說：「您錯了！不像疼愛長安君那樣厲害。」左師公說：「父母疼愛子女，就得為他們考慮長遠些。您送燕后出嫁的時候，摸著她的腳後跟哭泣，這是惦念並傷心她嫁到遠方，也夠可憐的了。她出嫁以後，您也並不是不想念她，可您祭祀時，一定為她禱告說：『千萬不要被趕回來啊。』難道這不是為她做長遠打算，希望她生育子孫，一代一代地做國君嗎？」太后說：「是這樣。」

左師公說：「從這一輩往上推到三代以前，一直到趙國建立的時候，趙王被封侯的子孫的後繼人還有在的嗎？」趙太后說：「沒有。」觸龍說：「不光是趙國，其他諸侯國君的被封侯的子孫，他們的後人還有在的嗎？」趙太后說：「我沒聽說過。」左師公說：「他們當中禍患來得早的就降臨到自己頭

上，禍患來得晚的就降臨到子孫頭上。難道國君的子孫就一定不好嗎？這是因為他們地位高而沒有功勳，俸祿豐厚而沒有功績，佔有的珍寶卻太多了啊！現在您把長安君的地位提得很高，又封給他肥沃的土地，給他很多珍寶，而不趁現在這個時機讓他為國立功，一旦您百年之後，長安君憑什麼在趙國站住腳呢？我覺得您為長安君打算得太短了，因此我認為您疼愛他不如疼愛燕后。」太后說：「好吧，任憑您指派他吧。」

於是太后就替長安君準備了100輛車子，送他到齊國去做人質。齊國的救兵才出動。

這的確是令人嘆為觀止的「移情—換位」的典範。觸龍透過換位思維，成功地將趙太后說服，可謂深知換位之魅力。

現實生活中，我們經常需要說服他人。說服就是使他人認同自己的觀點和想法，以成功達到自己的目的。

在銷售過程中，利用換位思維與顧客建立和諧關係是很重要的，換位思維的重要目的是讓顧客喜歡你、信賴你，並且相信你的所作所為是為了他們的最佳利益著想，使說服工作更容易進行。

下面就是一則在工作中善用換位思維的推銷員的故事。

有一次，程亮到一位客戶家裡推銷，接待他的是這家的家庭主婦。程亮的第一句話是：「喲，您就是女主人啊！您真年輕，實在看不出已經有孩子了。」

女主人說：「咳，你沒看見，快把我累垮了，帶孩子真累

人。」程亮說:「那倒是,在家我妻子也老抱怨我,說我一天到晚在外面跑,一點也不盡當爸爸的責任,把孩子全丟給她了。」

女主人深表同情地說:「就是嘛,你們男人就知道在外面混。」程亮跟著說:「孩子幾歲了?真漂亮!快上幼稚園了吧?」

「是呀,今年下半年上幼稚園。」

「挺伶俐的,怪可愛的,孩子慢慢長大,他們的教育與成長就成為我們做大人最關心的事情了,誰不望子成龍,望女成鳳,我每隔一段時間就會買些這樣的磁帶放給他們聽。」

說著,程亮就取出了他所推銷的商品——幼兒音樂磁帶,沒想到女主人想都沒多想,就問:「一共多少錢?」毫不猶豫地就買了一套。

程亮輕鬆地說服了客戶,妙處就在於他一直站在客戶的立場看待問題,很自然地引出客戶所需,並適時奉上自己的商品。這時,客戶並不感覺自己被推銷員說服了,而是自己需要購買,交易就這樣順利達成了。

一般來說,善於說服他人的人,都是善於揣摩他人心理的人。要說服他人,就得讓對方覺得自己被接受、被瞭解,讓人覺得你將心比心,善解人意。人的內心情感可以在他的舉止、言談中流露出來,但正如浮在水面之上的冰山只佔總體積的10%一樣,人的情緒的90%是我們的肉眼看不到的。這就

要求我們去深入瞭解對方的內心世界，加以觀察體會，細心揣摩，並採取適當的行動來滿足對方的需要，建立信任感，從而使說服更有成果更有效率。只有在滿足別人需要的前提下，才能達到自己的目的，獲得雙贏。

可見，說服他人的第一關就是要進行換位思維，在瞭解自己的需要基礎上，站在對方的立場，揣摩對方的心理，體會對方的需求。只有這樣，你才知道自己能夠放棄什麼和不能放棄什麼，所謂知己知彼，方能百戰百勝。否則，被說服的對象很可能就是你自己。

進行換位思考的時候，切忌情緒化，發怒、過於激動、過於高興、傷感的情緒都會使你不能有效地思考，從而削弱你的判斷能力，使換位思維無法真正到位。

說服是鼓動而不是操縱，最好的說服是使對方認為這就是他們的想法。關鍵的一點就是透過換位思維，發現對方的心理需求後，及時地調整自己，挖掘自己與對方的相同點，因為人們一般都傾向於喜歡和認同與自己類似的人，這樣，說服工作就可能更深入了一步。

春秋時期縱橫家鬼谷子就很好地為我們總結了說服他人的道理：跟智慧的人說話，要靠淵博；跟高貴的人說話，要靠氣勢；跟笨拙的人說話，要靠詳辯；跟善辯的人說話，要靠扼要；跟富有的人說話，要靠高雅；跟貧賤的人說話，要靠謙敬；跟勇敢的人說話，要靠勇敢；跟有過失的人說話，要靠鼓

勵。

　　而這一切的前提和關鍵都是必須進行換位思維，只有在揣摩清楚對方的心理後才能達到說服的目的。

己所不欲，勿施於人

「己所不欲，勿施於人」是換位思維的一個核心理念，當我們能切身地領悟到這種境界時，有許多不理解的事都會豁然開朗。

當你做錯了一件事，或是遇到挫折時，你是期望你的朋友說一些安慰、鼓勵的話，還是希望他們潑冷水呢？也許你會說：「這不是廢話嗎，誰會希望別人潑冷水呢？」可是，當你對別人潑冷水時，可曾注意到別人也有同樣的想法？事實上，很多人都沒有注意到這一點。

美國《讀者文摘》上發表過一篇名為〈第六枚戒指〉的文章，很形象地說明了換位思考給我們的心靈帶來的震撼。

美國經濟大蕭條時期，有一位女孩好不容易找到了一份在高級珠寶店當售貨員的工作。在耶誕節的前一天，店裡來了一位30歲左右的男性顧客，他衣著破舊，滿臉哀愁，用一種不可企及的目光，盯著那些高級首飾。

這時，女孩去接電話，一不小心把一個碟子碰翻，6枚精美絕倫的戒指落到地上。她慌忙去撿，卻只撿到了5枚，第6

枚戒指怎麼也找不著了。這時，她看到那名30歲左右的男子正向門口走去，頓時意識到戒指被他拿去了。當男子的手將要觸及門把手時，她柔聲叫道：「對不起，先生！」那男子轉過身來，兩人相視無言，足有幾十秒。「什麼事？」男人問，臉上的肌肉在抽搐，他再次問：「什麼事？」「先生，這是我頭一回工作，現在找個工作很難，想必你也深有體會，是不是？」女孩神色黯然地說。

男子久久地審視著她，終於一絲微笑浮現在他的臉上。他說：「是的，確實如此。但是我能肯定，你在這裡會做得不錯。我可以為你祝福嗎？」他向前一步，把手伸給女孩。「謝謝你的祝福。」女孩也伸出手，兩隻手緊緊地握在一起，女孩用十分柔和的聲音說：「我也祝你好運！」

男子轉過身，走向門口，女孩目送他的背影消失在門外，轉身走到櫃檯，把手中的第6枚戒指放回原處。

「己所不欲，勿施於人」的道理更說明這樣一個事實，那就是善待別人，也就是善待自己。可以說，任何一種真誠而博大的愛都會在現實中得到應有的回報。在我們運用換位思維的時候，當我們真誠地考慮到對方的感受和需求而多一分理解和寬容時，意想不到的回報便會悄然而至。

多年以前，在荷蘭一個小漁村裡，一個勇敢的少年以自己的實際行動使全村人懂得了為他人著想也就是為自己著想的道理。

由於全村的人都以打魚為生，為了應對突發海難，人們自發組建了一支緊急救援隊。

一個漆黑的夜晚，海面上烏雲翻滾，狂風怒吼，巨浪掀翻了一艘漁船，船員的生命危在旦夕。他們發出了SOS的求救信號。村裡的緊急救援隊收到求救信號後，火速召集志願隊員，乘著划艇，衝入了洶湧的海浪中。

全村人都聚集在海邊，翹首眺望著雲譎波詭的海面，人們都舉著一盞提燈，為救援隊照亮返回的路。

一小時之後，救援隊的划艇終於衝破濃霧，乘風破浪，向岸邊駛來。村民們喜出望外，歡呼著跑上前去迎接。

但救援隊的隊長卻告知：由於救援艇容量有限，無法搭載所有遇險人員，無奈只得留下其中的一個人，否則救援艇就會翻覆，那樣所有的人都活不了。

剛才還歡欣鼓舞的人們頓時安靜了下來，才落下的心又懸到了嗓子眼，人們又陷入了慌亂與不安中。這時，救援隊隊長開始組織另一批隊員前去搭救那個最後留下來的人。16歲的漢斯自告奮勇地報了名。

但他的母親忙抓住了他的胳膊，用顫抖的聲音說：「漢斯，你不要去。10年前，你父親就是在海難中喪生的，而一個星期前，你的哥哥保羅出了海，可是到現在連一點消息也沒有。孩子，你現在是我唯一的依靠了，求求你千萬不要去。」

看著母親那日見憔悴的面容和近乎乞求的眼神，漢斯心頭

一酸，淚水在眼中直打轉，但他強忍住沒讓它流下來。

「媽媽，我必須去！」他堅定地答道，「媽媽，你想想，如果我們每個人都說：『我不能去，讓別人去吧！』那情況將會怎樣呢？假如我是那個不幸的人，媽媽，你是不是也希望有人願意來搭救我呢？媽媽，你讓我去吧，這是我的責任。」漢斯張開雙臂，緊緊地擁吻了一下他的母親，然後義無反顧地登上了救援隊的划艇，衝入無邊無際的黑暗之中。

10分鐘過去了，20分鐘過去了……一小時過去了。這一小時，對憂心忡忡的漢斯的母親來說，真是太漫長了。終於，救援艇再次衝破迷霧，出現在人們的視野中。岸上的人群再一次情緒沸騰了。

靠近岸邊時，漢斯高興地大聲喊道：「我們找到他了，隊長。請你告訴我媽媽，他就是我的哥哥——保羅。」

這就是人生的報償。

「己所不欲，勿施於人」，就是要換位思考，就是將自己想要的東西給予別人，自己需要幫助，就給別人幫助，自己需要關心，就給別人愛心，當我們真心付出時，回報也就隨之而來了。

用換位思維使自己擺脫窘境

拿破崙入侵俄國期間，有一回，他的部隊在一個十分荒涼的小鎮上作戰。

當時，拿破崙意外地與他的軍隊脫離，一群俄國哥薩克士兵盯上了他，在彎曲的街道上追逐著他。慌忙逃命之中，拿破崙潛入僻巷一個毛皮商的家。當拿破崙氣喘吁吁地逃入店內時，他連連哀求那位毛皮商：「救救我，救救我！快把我藏起來！」

毛皮商就把拿破崙藏到了角落的一堆毛皮底下，剛安排完，哥薩克人就衝到了門口，他們大喊：「他在哪裡？我們看見他跑進來了！」

哥薩克士兵不顧毛皮商的抗議，把店裡給翻得亂七八糟，想找到拿破崙。他們將劍刺入毛皮內，還是沒有發現目標。最後，他們只好放棄搜查，悻悻離開。

過了一會兒，當拿破崙的貼身侍衛趕來時，毫髮無損的拿破崙這才從那堆毛皮下鑽出來，這時，毛皮商誠惶誠恐地問拿破崙：「閣下，請原諒我冒昧地對您這個偉人問一個問題：剛

才您躲在毛皮下時,知道可能面臨最後一刻,您能否告訴我,那是什麼樣的感覺?」

誰都可以想像到,方才的一幕有多麼驚心動魄,但是,拿破崙作為一國首領,他無法在自己的士兵面前表現出膽怯,也就無法將自己的感受用言語告訴毛皮商。於是,拿破崙站穩身子,憤怒地回答:「你,膽敢對拿破崙皇帝問這樣的問題?衛兵,將這個不知好歹的傢伙給我推出去,蒙住眼睛,斃了他!我,本人,將親自下達槍決令!」

衛兵捉住那可憐的毛皮商,將他拖到外面面壁而立。

被蒙上雙眼的毛皮商看不見任何東西,但是他可以聽到衛兵的動靜,當衛兵們排成一列,舉槍準備射擊時,毛皮商甚至可以聽見自己的衣服在冷風中簌簌作響。他感覺到寒風正輕輕拉著他的衣襟、冷卻他的臉頰,他的雙腿不由自主地顫抖著,接著,他聽見拿破崙清清喉嚨,慢慢地喊著:「預備——瞄準——」那一刻,毛皮商知道這一切無關痛癢的感傷都將永遠離他而去,而眼淚流到臉頰時,一股難以形容的感覺自他身上泉湧而出。

經過一段漫長的死寂,毛皮商人忽然聽到有腳步聲靠近他,他的眼罩被解了下來——突如其來的陽光使得他視覺半盲,他還是感覺到拿破崙的目光深深地又故意地刺進他的眼睛,似乎想洞察他靈魂裡的每一個角落,後來,他聽見拿破崙輕柔地說:「現在,你知道了吧?」

運用換位思維，要求我們在交際僵局出現時，把角色「互換」一下，這樣，就很可能輕鬆打破僵局，為自己爭取主動。讓對方坐在自己的椅子上，對事物之間的位置關係進行互換，就能讓對方理解自己的感受。

放大鏡看人優點，
顯微鏡看人缺點

在現實生活中，不難發現很多人因為一些磕磕碰碰便和他人吵架鬥嘴，甚至大打出手。很多人甚至認為，對於別人的冒犯就應該「以牙還牙，以血還血」。他們容不得別人對自己的一丁點侵犯。在與他人交往的過程中，他們把別人身上的缺點無限擴大，動不動就責怪他人。對於別人身上的優點呢？則以「這有什麼了不起」為由對其嗤之以鼻。這種現象其實是非常可悲的。因為當一個人以刻薄小氣的胸襟為人處世時，他絕不可能有什麼出息。一個用「顯微鏡看人優點，放大鏡看人缺點」的人，絕對不會獲得美好的友誼和得到別人的幫助。

生活中，我們要善於發現別人身上的優點而不是缺點，努力學習別人的優點，這才是正確的行為。也只有以這種「放大鏡看人優點，顯微鏡看人缺點」的心態，才能擁有寬廣的胸襟，才能贏得別人的敬重和取得成功。

蔡元培先生就是一位有著大胸襟的人。在他擔任北京大學校長時，曾有這麼兩位「另類」的教授。一位是持復辟論和主

張一夫多妻制的辜鴻銘。辜鴻銘當時應蔡元培先生之請來講授英國文學。辜鴻銘的學問十分寬廣而龐雜，他上課時，竟帶一童僕為之裝菸、倒茶，他自己則是「一會兒吸菸，一會兒喝茶」，學生焦急地等著他上課，他也不管，「擺架子，玩臭格」成了當時一些北大學生對辜鴻銘的印象。很快，就有人把這事反映到蔡元培那兒。然而蔡元培並不生氣。他對前來反映情況的人解釋說：「辜鴻銘是通曉中西學問和多種外國語言的難得人才，他上課時展現的陋習固然不好，但這並不會給他的教授工作帶來實質性的損害，所以他生活中的這些習慣我們應該寬容不較。」經過一段時間後，再也沒有人來告狀了，因為辜鴻銘的課堂裡擠滿了北大的學子。很多學生為他淵博的知識、學貫中西的見解而折服。辜鴻銘講課從來不拘一格，天馬行空的方式更是大受學生歡迎。

另一個人，則是受蔡元培先生的聘請，教授中國古代文學的劉師培。根據馮友蘭、周作人等人回憶，劉師培給學生上課時，「既不帶書，也不帶卡片，隨便談起來」，且他的「字寫得實在可怕，幾乎像小孩描紅相似，而且不講筆順」，「所以簡直不成字樣」，這種情況很快也被一些學生、老師反映到蔡元培那兒。然而蔡元培卻微微一笑，說：「劉師培講課帶不帶書都一樣啊，書都在他腦袋裡裝著，至於寫字不好也沒什麼大礙啊。」後來學生們發現劉師培講課是「頭頭是道，援引資料，都是隨口背誦」，而且文章沒有做不好的。

從蔡元培對辜鴻銘和劉師培兩位教授的處理方法，我們可見蔡元培量用人才的胸懷是何等求實、豁達而又準確。他把對師生個性的尊重與寬容發揮到了一種極高明的地步。為了實現改革北大的辦學理想，迅速壯大北大實力，他極善於抓住主要矛盾和解決問題的關鍵，把尊重人才個性選擇與用人所長理智地結合起來。他曾精闢地解釋道：「對於教員，以學詣為主。在校講授，以無悖於第一種之主張（循思想自由原則，取相容並包主義）為界限。其在校外之言動，悉聽自由，本校從不過問，亦不能代負責任。夫人才至為難得，若求全責備，則學校殆難成立。」

　　正是這種博大的胸襟，才使蔡元培能夠發現真正的人才，也才使當時的北京大學有了長足的發展。美國著名的人際關係學家卡內基和許多人都是朋友，其中包括若干被認為是孤僻、不好接近的人。有人很好奇地問卡內基：「我真搞不懂，你怎麼能忍受那些老怪物呢？他們的生活與我們的一點都不一樣。」卡內基回答道：「他們的本性和我們是一樣的，只是生活細節上難以一致罷了。但是，我們為什麼要戴著放大鏡去看這些細枝末節呢？難道一個不喜歡笑的人，他的過錯就比一個受人歡迎的誇誇其談者更大嗎？只要他們是好人，我們不必如此苛求小處。」

　　在現實生活裡，我們應該學會以一種大胸襟來對待別人的缺點和過錯。學會「容人之長」，因為人各有所長，取人之

長補己之短，才能相互促進，學習才能進步；學會「容人之短」，因為金無足赤，人無完人。人的短處是客觀存在的，容不得別人的短處就只會成為「孤家寡人」；學會「容人之過」，因為「人非聖賢，孰能無過」。歷史上凡是有所作為的偉人，都能容人之過。

當我們擁有「以放大鏡看人優點，以顯微鏡看人缺點」的大胸襟時，我們便擁有了眾多的朋友，擁有了無盡的幫助，也擁有了通向成功的門票。

苛求他人，
等於孤立自己

每個人都有可取的一面，也有不足的地方。與人相處，如果總是苛求十全十美，那麼永遠也交不到真心的朋友。在這一點上，曾國藩早就有了自己的見解，他曾經說過：「蓋天下無無瑕之才，無隙之交。大過改之，微瑕涵之，則可。」意思是說，天下沒有一點缺點也沒有的人，沒有一點隔閡也沒有的朋友。有了大的錯誤，要能夠改正，剩下小的缺陷，人們給予包容，就可以了。為此，曾國藩總是能夠寬容別人，諒解別人。

當年，曾國藩在長沙讀書，有一位同學性情暴躁，對人很不友善。因為曾國藩的書桌是靠近窗戶的，他就說：「教室裡的光線都是從窗戶射進來的，你的桌子放在了窗前，把光線擋住了，這讓我們怎麼讀書？」他命令曾國藩把桌子搬開。曾國藩也不與他爭辯，搬著書桌就去了角落裡。曾國藩喜歡夜讀，每每到了深夜，還在用功。那位同學又看不慣了：「這麼晚了還不睡覺，打擾別人的休息，別人第二天怎麼上課啊？」曾國藩聽了，不敢大聲朗誦了，只在心裡默讀。一段時間之後，曾

國藩中了舉人,那人聽了,就說:「他把桌子搬到了角落,也把原本屬於我的風水帶去了角落,他是沾了我的光才考中舉人的。」別人聽他這麼一說,都為曾國藩鳴不平,覺得那個同學欺人太甚。可是曾國藩毫不在意,還安慰別人說:「他就是那樣子的人,就讓他說吧,我們不要與他計較。」

凡是成大事者,都有廣闊的胸襟。他們在與別人相處的時候,不會計較別人的短處,而是以一顆平常心看待別人的長處,從中看到別人的優點,彌補自己的不足。如果眼睛只能看到別人的短處,那麼這個人的眼裡就只有不好和缺陷,而看不到別人美好的一面。生活中,每個人都可能會跟別人發生矛盾。如果一味地跟別人計較,就可能浪費自己很多精力。與其把自己的時間浪費在一些雞毛蒜皮的小事上,不如放開胸懷,給別人一次機會,也可以讓自己有更多的精力去做更多有意義的事情。

一位在山中茅屋修行的禪師,有一天趁月色到林中散步,在皎潔的月光下,突然開悟。他喜悅地走回住處,看到自己的茅屋有小偷光顧。找不到任何財物的小偷要離開的時候在門口遇見了禪師。原來,禪師怕驚動小偷,一直站在門口等待。他知道小偷一定找不到任何值錢的東西,就把自己的外衣脫掉拿在手上。小偷遇見禪師,正感到驚愕的時候,禪師說:「你走那麼遠的山路來探望我,總不能讓你空手而回呀!夜涼了,你帶著這件衣服走吧!」說著,就把衣服披在小偷身上,小偷不

知所措,低著頭溜走了。禪師看著小偷的背影穿過明亮的月光消失在山林之中,不禁感慨地說:「可憐的人呀!但願我能送一輪明月給他。」禪師目送小偷走了以後,回到茅屋赤身打坐,他看著窗外的明月,進入空境。第二天,他睜開眼睛,看到他披在小偷身上的外衣被整齊地疊好,放在了門口。禪師非常高興,喃喃地說:「我終於送了他一輪明月!」

面對盜賊,禪師既沒有責罵,也沒有告官,而是以寬容的心原諒了他,禪師的寬容和原諒終於換得了小偷的醒悟。可見,寬容比強硬的反抗更具有感召力。可是,我們與別人發生矛盾時,總想著與別人爭出高低來,卻往往因為說話的態度不好,使得兩個人吵起來,甚至大打出手。其實,牙齒哪有不碰到舌頭的。很多事情忍耐一下,也就過去了。有些矛盾的產生,別人也不一定是故意的,我們給予他包容,他可能會主動意識到錯誤,也給自己減少了很多麻煩。

第六章

職場生存，
笑到最後的人想得不一樣

努力很重要，借力更重要

俗話說：「一個籬笆三個樁，一個好漢三個幫。」還有句古話說得好：「三個臭皮匠，勝過一個諸葛亮。」個體不同，就各有各的優勢和長處，所以一定要善於發現別人的優勢和長處，借人之力，成己之事。

一個人不能單憑自己的力量完成所有的任務，戰勝所有的困難，解決所有的問題。須知借人之力也可成事。善於借助他人的力量，既是一種技巧，又是一種智慧。

《聖經》中有這樣一則故事：當摩西率領以色列子孫們前往上帝那裡要求贈與他們領地時，他的岳父葉忒羅發現，摩西的工作實在超過他所能負荷的，如果他一直這樣的話，不僅僅是他自己，大家都會有苦頭吃。於是葉忒羅就想辦法幫助摩西解決問題。他告訴摩西，將這群人分成幾組，每組1,000人，然後再將每組分成10個小組，每組100人，再將100人分成2組，每組50人，最後，再將50人分成5組，每組10個人。然後葉忒羅告誡摩西，要他讓每一組選出一位首領，而且這個首領必須負責解決本組成員所遇到的任何問題。摩西接受了建

議，並吩咐負責1,000人的首領，只有他們才能將那些無法解決的問題告訴自己。自從摩西聽從了葉忒羅的建議後，他就有足夠的時間來處理那些真正重要的問題，而這些問題大多數只有他自己才能夠解決。簡單一點說，葉忒羅教給摩西的，其實就是要善於利用別人的智慧，善於調動集體的智慧，用別人的力量幫助自己克服難題。

很多事情就是這樣，當我們無力去完成一件事時不妨向身邊可以信任的人求助，也許對我們來說費力不討好的事情，對他們來說卻可以不費吹灰之力就能輕鬆「搞定」。與其自己苦苦追尋而不得，不如將視線轉移，向那些有能力解決問題的人尋求幫助。

所謂孤掌難鳴，獨木不成橋。在這個世界上沒有完美的人，你不完美，他不完美，但如果你們可以完美地結合在一起，就能取得意想不到的成果。我們時常看到有些沒有血緣關係的人，結成親兄弟般的友誼，互相幫助、互相提攜。

一個人，無論在工作、事業、愛情和消閒哪方面，都離不開這種人與人之間的相互幫助和合作。因為各人的能力有限，以及人際關係有所不同，而必須相互幫助。借他人之力，讓別人為自己辦事，正是一個人高明的地方。

一個人在社會中，如果沒有他人的幫助，他的境況會十分糟糕。普通人如此，一個成就大事業的人更是如此。如果失去了他人的幫助從而不能利用他人之力，任何事業都無從談起。

借人之力,利用他人為自己服務,以讓自己能夠高居人上,這是一個人難能可貴的地方。尤其對自己所欠缺的東西,更要多方巧借。

善於借助別人的力量,善於利用別人的智慧,廣泛地接受多家的意見,多和不同的人聊聊自己的構想,多傾聽別人的想法,多用點腦子來觀察周遭的事物,多靜下心來思考周遭發生的一些現象,將讓你受益匪淺。

沒有低調的歷練，
哪來的一飛沖天

　　現實中，很多人把利益看得太重，把自己看得太重。比如在找工作時，他提出的工資是3,000元，但是根據他的能力，你只能給他2,800元，那這個人毫不猶豫地就走人了。

　　毋庸置疑，這個社會上，誰都想被別人看好，誰都想拿高薪居高位。然而，要想充分受人認可，沒有足夠的資本和後勁是不可能「夢想成真」的。

　　所以，在找工作時，我們要清楚，薪水只是一方面，關鍵是這份工作能不能歷練自己。

　　如果這份工作能歷練自己，即使工資少，我們也要踏踏實實幹。要知道，沒有「背後」和「台下」的低調歷練，我們便不會「一飛沖天」、「一鳴驚人」。

　　有一家非常有名的中外合資公司，前往求職的人如過江之鯽，但其用人條件極為苛刻，有幸被錄用的比例很小。那年，從某明星學校畢業的小李，非常渴望進入該公司。於是，他給公司總經理寄去一封短箋。很快他就被錄用了，原來打動該公

司老總的不是他的學歷，而是他那特別的求職條件——請求隨便給他安排一份工作，無論多苦多累，他只拿做同樣工作的其他員工五分之四的薪水，但保證工作做得比別人出色。

進入公司後，他果然表現得很出色，公司主動提出給他全薪，他卻始終堅持最初的承諾，比做同樣工作的員工少拿五分之一的薪水。

後來，因受所隸屬的集團經營決策失誤影響，公司要裁減部分員工，很多員工失業了，小李非但沒有下崗，反而被提升為部門的經理。這時，他仍主動提出少拿五分之一的薪水，但他工作依然兢兢業業，是公司業績最突出的部門經理。

後來，公司準備給他升職，並明確表示不讓他再少拿一分薪水，還允諾給他相當誘人的獎金。面對如此優厚的待遇，他沒有受寵若驚，反而出人意料地提出了辭呈，轉而加盟了各方面條件均很一般的另一家公司。

很快，他就憑著自己非凡的經營才幹，贏得了新加盟公司上下的一致信賴，被推選為公司總經理，當之無愧地拿到一份遠遠高於那家合資公司的報酬。

當有人追問他當年為何堅持少拿五分之一的薪水時，他微笑道：「其實我並沒有少拿一分的薪水，我只不過是先付了一點學費而已，我今天的成功，很大程度上取決於在那家公司裡學到的經驗……」

在這裡，小李首先讓自己忘記明星大學畢業生的身分，從

最普通的員工做起;其次,小李不為利益所困,自願比別人少拿工資,並把自己少拿的工資看成學費;最後小李憑藉多年的歷練拿到了更高的薪水。

可見,高標必須以低調為基點,這好比彈簧,「壓得越低則彈得越高」,只有安於低調,樂於低調,在低調中蓄養勢力,才能獲取更大的發展。小李的經歷也正好說明了這一點:他透過自降身價來獲取經驗,當他的翅膀足夠強硬時,他便毫不遲疑地為自己謀求到了更高更精采的人生舞台。

懂得退一步，才能進十步

忘了自己不是讓你妄自菲薄，壓抑自己，埋沒自己。忘了自己需要你擁有豁達的胸懷和冷靜的思考，在工作面前保持清醒狀態。不過分地注重外在的結果，在競爭激烈的職場中，尋找最低調、最平和的自己。

對於一個人來說，忘了自己，適時地退讓是非常必要的，這對爭取到最後的勝利絕對有益無害。要知道，誰笑到最後，誰才能笑得最好。以「退」的方式來達到「進」的目的，可以說是一條獨闢蹊徑的成功經驗。

俗話說：退一步路更寬。實際上，退是另一種方式的進，而防守也是另一種形式的進攻。暫時退卻，忍住一時的欲望，將你內心湧動的志向之火悄悄隱藏，養精蓄銳，鼓足力量，後退後的前進將是更快、更有效、更有力的。有時，通往成功的路，便是這樣一條曲折之路，但踏上這條路你就絕對不會撞得頭破血流。欲速則不達，退一步才能進十步，就是這個道理。

一位電腦博士學成後開始找工作，因為有個嚇人的博士頭銜，一般的用人單位不敢錄用他，而經驗的缺乏又讓很多知名

企業對他抱有懷疑態度。在整個不景氣的就業形勢下，他發現自己的高學歷竟然成了累贅。思索再三，他決定收起所有的學位證明，以一種最低的身分進入職場，去獲取自己目前最需要的財富——經驗。

不久，他就被一家公司錄用為程式輸入員，這種初級工作對於擁有博士學位的他來說簡直是種「侮辱」，但他並沒有敷衍了事，反倒仔仔細細、一絲不苟地工作起來。一次，他指出了程式中的一個重大錯誤，為公司挽回了損失，老闆對他進行了特別嘉獎，這時，他拿出了自己的學士證，於是，他得到了一個與大學畢業生相稱的工作。

這對他是個很大的鼓勵，他更加用心地工作，不久便出色地完成了幾個項目，在老闆欣賞的目光中，他又拿出了自己的碩士證，為自己贏得了又一次提升的機會。

愛才惜才的老闆對他產生了濃厚的興趣，開始悉心地觀察他，注意他的成長。當他又一次提出一些改善公司經營狀況的建議時，老闆和他進行了一次私人談話。看著他的博士證書，老闆笑了。他終於得到了理想中的那個職位，儘管有些曲折，但他卻覺得從最低處開始努力的整個過程都很有意義。

這位博士以退為進，先將自己放在一個極低的水平線上，然後踏踏實實地奮鬥，為自己積蓄內在資本。「真金不怕火煉」，他在平凡的崗位上顯示出了光彩，被慧眼識英雄的老闆委以重用。在目標不可能一蹴而就的時候，他選擇了暫時的

「退」，為自己贏得了另一個事業起步的機會。

　　一個人只有深諳進退之道，知道審時度勢，才能明確自己的處境，從而知進識退，進退有節，揮灑自如，才能在激烈的社會競爭中立於不敗之地。

　　生活的智者們不會在形勢不利於自己的時候去硬拚硬打，那樣，有可能是以卵擊石，自尋死路；也有可能是兩敗俱傷，損失慘重。在這種時候，他們會先「退一步」，以求打破僵局，為自己積蓄力量贏得機會，從而可以「前進十步」。

　　他們總能分清不同的場合，進而採取不同的處事態度。當自己處於弱勢時，總是採取以退為進的方針，才能避開強者的鋒芒，保存自己的實力。等到有朝一日羽翼豐滿時，才表明自己的主張和態度，這時候，他們就是真正的強者了。

最大的罪過是你比其他人「聰明」

現代企業競爭越來越激烈,人人都想變成企業的尖兵,可很多時候,最優秀的那個並不是最受歡迎的那個。一個人往往有了成績卻失了人際。

為什麼?因為嫉妒。正所謂「不遭人嫉是庸材,常遭人嫉是蠢材」,我們要想在「人際」與「成績」之間遊刃有餘,就必須讓自己學會低調,少點「自我」。

若蘭是個非常優秀的職員,業務出眾,但是有一次與朋友聊天的時候,她卻說道:「哎呀,你不知道,我在單位快鬱悶死了。他們都不理我,都不跟我說話,我像個孤魂野鬼,成天形單影隻的。」

「你怎麼得罪他們了,為什麼不理你啊?」

「她們嫉妒我唄!沒有能力、只知道背後暗算別人的小人。」

若蘭冷冰冰地說道。

「嫉妒?是你太突出了嗎?」

「大半年來我的業績在部門裡一直是最好的,根本沒有人

能與我抗衡。再難纏的客戶只要到了我手裡，保管能搞定。」若蘭說這些的時候，眼裡閃著得意的光芒。

「我明白了，正是因為你太優秀、太出色了，讓你的同事感覺到了壓力，所以他們聯合起來孤立你。那你們主管應該很喜歡你啊，業績這麼好。」

「剛開始的時候，他們是挺高興的，對我也很客氣，像撿到寶了。現在也冷淡下來了，說我不注意團結同事。真是荒謬，他們嫉妒我，我還怎麼跟他們團結啊？」若蘭委屈地說。

身在職場，每個人都想透過自己的努力取得成績，得到別人的認同和肯定。能成為業績冠軍是能力的一種體現，而能長期獨佔業績榜的第一名，更是表明能力了得。

這本來是很好的事情，有業績公司受益嘛，公司效益好，全體員工也受益。但在若蘭的故事中，長期的傲人業績反而成了她與同事交往的極大障礙，甚至最終令她失去了主管的支持。這對她的職業生涯來說無疑是個巨大的障礙，對她的心理也造成了一定的傷害。

為什麼好事最後卻帶來傷害和阻礙呢？這是因為同在一個辦公室裡辦公，大家能夠支配的資源一樣，如果你比其他的同事做得好，並且是好得多，自然會給別人造成一定的壓力。

畢竟，同事之間在很大程度上是一種競爭關係，如果你太能幹，別人在你的光環下就會顯得黯淡。誰不想表現，誰不想被注視呢？但是，因為有了你的存在，因為你超強的業務能

力，他們只能屈居第二；也因為有了你的存在，老闆對他們的關注驟然減少，甚至很少過問，因為老闆的全部心思都在你這裡，你成了老闆跟前的紅人，而他們全部失寵了。

面對一個將自己處境改變了的對手，一個強勁得很難超越的對手，他們怎麼能不嫉妒呢？於是，這種嫉妒最後就會以冷暴力的形式表現出來。這種方式既能讓你感到難受，又不會給他們自己帶來任何利益和形象上的傷害。

或許很多人要問了，取得好的工作成績也是必須的啊，畢竟老闆是以成績來決定一個人的去留和晉升的。不錯，業績很重要，但人際關係同樣重要。那我們到底該如何平衡業績與人際關係？怎樣避免像若蘭這樣得了成績、沒了人緣的情況發生呢？以下兩點需要我們注意：

(1) 做人低調一些，態度上儘量謙虛。能在工作中取得一定的成績，當然與自己的努力和才能分不開，但是因此沾沾自喜、恃才傲物是不可取的。如果你表現出得意揚揚的樣子，一副志得意滿的姿態，其他同事看到之後自然心生不快。但是如果你態度謙虛，不吹噓自己的能耐，不顯山、不露水，待人友好誠懇，儘量不在業績上做比較，克制自己的優越感，那麼別人也不會非要把你孤立起來不可。

(2) 盡力幫助同事，態度要誠懇。「一個籬笆三個樁，一個好漢三個幫。」誰都會遇到自己克服不了的困難，當同事有困難而你又有能力幫助他的時候，不妨及時伸出你的援助之手。

「君子成人之美」，成全別人、幫助別人的同時也是在成全和幫助自己。千萬不要以為幫助別人就會讓自己失去機會，恰恰相反，好的人際關係給你帶來的機會和益處遠遠大於一個人單打獨鬥所創造的價值。

人人都渴望優秀。在職場上，你可以優秀，但要懂得謙虛，並且適時地去幫助別人，只有這樣，你才能做到既有成績又有人際。

不怕被「利用」，
就怕你沒用

　　相信很多人都有一段「蘑菇」經歷，但不一定是什麼壞事，當「蘑菇」，能夠消除很多不切實際的幻想，使我們儘快成熟起來。

　　工作無分貴賤，態度卻有尊卑，任何一份工作都包含著成長的機遇，任何一份工作都有可以學習的東西。一個成功者不會錯過任何一個學習的機會，即使是在店裡掃地的時候，他也會觀察老闆是怎樣和客人們打交道的，他們總是在觀察、學習、總結。也正是這種蟄伏的智慧，使得很多人在經歷「蘑菇」歲月後脫穎而出，成為同輩中的佼佼者。

　　小劉剛進公司的時候，公司正提倡「博士下鄉，下到生產一線去實習、去鍛鍊」。實習結束後，主管安排他從事電磁元件的工作。堂堂的電力電子專業博士理應做一些大項目，不想卻坐了冷板凳，小劉實在有些想不通。

　　想法歸想法，工作還要進行。就在小劉接手電磁元件的工作之後不久，公司出現電源產品不穩定的現象，結果造成許多

系統癱瘓，給客戶和公司造成了巨大損失，受此影響公司丟失了5,000萬以上的訂單。在這種嚴峻的形勢下，研發部主管把解決該電磁元件問題故障的重任，交給了剛進公司不到三個月的小劉。

在工程部主管和同事的支持與幫助下，小劉經過多次反覆實驗，逐漸釐清了設計思路。又經過60天的日夜奮戰，小劉硬是把電磁元件這塊硬骨頭啃下來了，使該電磁元件的市場故障率從18%降為零，而且每年節約成本110萬元。現在，公司所有的電源系統都採用這種電磁元件，時過近兩年，再未出現任何故障。

這之後，小劉又在基層實踐中主動、自覺地優化設計和改進了100A的主變壓器，使每個變壓器的成本由原來的750元降為350元，每年為公司節約成本250萬元，並為公司的產品戰略決策提供了依據。

小小的電磁元件這件事對小劉的觸動特別大，他不無感慨地說道：「貌似渺小的電磁元件，大家沒有去重視，結果我這樣起初『氣吞山河』似的『英雄』在其面前也屢次受挫、飽受煎熬，坐了兩個月冷板凳之後，才將這件小事搞透。現在看起來，之所以出現故障，不就是因為繞線太細、匝數太多了嗎？把繞線加粗、匝數減少不就行了？而我們往往一開始就只想幹大事，而看不起小事，結果是小事不願幹，大事也幹不好，最後只能是大家在這些小事面前束手無策、慌了手腳。電磁元件

雖小，裡面卻大有學問。更為重要的是它是我們電源產品的核心部件，其作用舉足輕重，非得要潛下心、冷靜下來，否則就不能將貌似小小的電磁元件弄透、搞明白。做大事，必先從小事做起，先坐冷板凳，否則，在我們成長與發展的道路上就要做夾生飯。現在看來，當初領導讓我做小事、坐冷板凳是對的，而自己又能夠堅持下來也是對的。有許多研究學術的、搞創作的，吃虧在耐不住寂寞，總是怕別人忘記了他。由於耐不住寂寞，就不能深入地做學問，不能勤學苦練。他不知道耐得住寂寞，才能不寂寞。耐不住寂寞，偏偏寂寞。」

小劉的這段話適合於各行各業和各類人員，凡想獲得成功的人，都應該沉住氣。先學會耐得住「蘑菇」時期的寂寞，先學會坐冷板凳，先學會做小事，然後才能做大事，才能取得更大的業績。

老子說：「輕則失本，躁則失君。」職場永遠不會有一步登天的事情發生，不管你的能力有多強，你都必須沉住氣，從最基礎的工作做起。研究成功人士的經歷就會發現：他們並不是一開始就「高人一等」、風光十足的，他們也曾有過艱難曲折的「爬行」經歷，然而他們卻能夠端正心態、沉下心來，不妄自菲薄，不怨天尤人。他們能夠忍受「低微卑賤」的經歷，並在低微中養精蓄銳、奮發圖強，而後才攀上人生的巔峰，享受世人的尊崇。試想，若不是當年的「低人一等」，哪裡會有後來的「高人一等」呢？

因此，對於大多數人來說，剛參與工作時必須消除不切實際的幻想，我們應該認識到，沒有任何工作是卑微並且不需要辛勤努力的。年輕人應該磨去稜角，適應社會，不斷充電，提升能力，要知道，無論多麼優秀的人才，步入社會時都只能從最簡單的事情做起。一個人，只有放下架子，沉得住氣，打牢根基，才能在日後有所作為。

成功屬於沉得住氣的「傻子」們

說到「成功」，我們常常會把它與聰明、機遇、膽識聯繫在一起，很少有人認為「傻子」能成功，可事實卻是，「傻子」往往比聰明人更容易成功！

所謂「傻」，並非真傻，而是大智若愚，是一種沉得住氣，專注、執著的生存狀態。「傻子」們貌似呆板木訥，不知變通，其實卻是一群有著堅定信念、做事堅忍不拔的人。有道是「世上無難事，只怕有心人」，成功只屬於沉得住氣、不懈努力的人，那些投機取巧、三心二意之人，看似精明，就算曾經風光一時，卻由於缺乏腳踏實地的務實態度和堅定不移的執著精神，而難以在事業上有所建樹，充其量，他們只能是小打小鬧的投機者，而難以成為大功業者。

電視劇《士兵突擊》裡，許三多是眾人眼裡徹頭徹尾的傻子——龜兒子、三呆子、土騾子、許木木、絕情坑副坑主、吃貨、孬兵、豬、白痴、二百五、死心眼等，都是他的綽號。

他沒有史今的溫柔，沒有伍六一的驕傲，沒有高城的頑皮可愛，更別說吳哲、齊桓殷實的家境和袁朗的智慧。他甚至連

同鄉成才的積極進取都沒有。可就是這樣一個看起來毫無魅力可言的人,深深地感染了電視機前的觀眾。

「我這兩老鄉,一個精得像鬼,一個笨得像豬。」伍六一的這句話把成才和許三多的特點概括得精準到位。看似精明的成才兜裡總是揣著三盒菸,如白鐵軍所說:「你老鄉不地道,揣了三盒菸,十塊的紅塔山是給排長、連長的,五塊的紅河是給班長、班副的,一塊的春城是專門給我們這些戰友的。」

為了自己的前途,成才拋棄了尚在困境的鋼七連,成為鋼七連史上唯一的跳槽者;他贏得了比賽,如願進入了老A,卻被袁朗一眼看透,最終與老A無緣!

相比之下,許三多的質樸、坦誠、認真、老實、善良、執著一次次感動著周圍的人,一次次讓人們對他刮目相看,一次次證明了「機會永遠留給有準備的人」這句話。

許三多的「傻」是真傻嗎?比起那些自以為聰明的人,他確實傻得很,他不會投機取巧,溜鬚拍馬,見風使舵,隨波逐流,更談不上深謀遠慮,然而他卻有著自己的人生信念——為了做那些「有意義的事情」,他在困難面前不低頭,在孤獨面前不退縮,在強敵面前不膽怯,在名利面前不浮躁……

他的成功,絕對不是「傻人有傻福」的成功,而是一種世界觀和價值取向的成功:成功在於堅持,沉住氣。任何成績的取得、事業的成就,都源於人們不懈的努力以及務實、執著的探索追求,而心猿意馬,淺嘗輒止,投機鑽營,則只能擁有曇

花一現的虛榮及「竹籃打水」的庸碌。

從這個意義上,「傻」是一種深刻並且深奧的成功哲學,「傻」不是低人一等,庸庸碌碌,而是一種沉得住氣、堅忍不拔的大境界。

首先,「傻」是一種沉住氣、掘井及泉的苦幹精神。

聰明人是坐而論道的高手,絕不能指望他們幹出點像樣的活來。真正能夠幹出事情來的,就是那種帶點「傻氣」的人,他們看似木訥呆板,不知變通,而只是一根筋堅持自己認為有意義的事情,但最終,他們就像龜兔賽跑中的烏龜,沉得住氣,一步一個腳印,踏踏實實,反而成功抵達了勝利的終點。所以,認真工作、低調務實是真正的聰明,而那些行動不堅決、只說不做的人才是真正的傻子。一分耕耘,一分收穫,那些看似有點「傻氣」的對目標堅定不移者,反而因為比別人多一些沉著和歷練,而最終成功。

其次,「傻」就是一種沉住氣、實事求是的務實精神。

張伯苓認為,「傻子」精神就是誠實、實事求是、坦蕩正直,不虛詐掩飾。職場中,很多人都在問:我們究竟為了什麼工作?我們工作這麼辛苦究竟是為了什麼?既然是為別人打工,何必這麼投入地工作,不如敷衍了事、得過且過⋯⋯職場中經常有人這麼想,覺得認真工作實在是一種「吃虧」的舉動,踏實工作的「老黃牛」是人們嘲笑的對象。事實上,認真工作才是真正的明智之舉。一個人工作認真、不投機取巧、沉靜務實,最大的受益者還是自己,一分耕耘,一分收穫。很多

時候,我們不是不夠「聰明」,而是缺少了一點「傻氣」,傻傻堅持,傻傻務實,沉住氣,把工作真正做好做到位了,能力提升了,業績上去了,成功自然也就水到渠成了。

最後,「傻」是一種沉住氣、堅持不懈的專注精神。

荀子說:「積土成山,風雨興焉;積水成淵,蛟龍生焉;積善成德,而神明自得,聖心備焉。故不積跬步,無以至千里;不積小流,無以成江海。騏驥一躍,不能十步;駑馬十駕,功在不舍。」成功是一個不斷積累的過程,一個人要想成器,必須具備心無旁鶩、鍥而不捨的專注精神,如若採取淺嘗輒止的態度,就只能獲得平庸的結果。

事實上,聰明和傻是個相對的變數,沒有永恆的聰明,也沒有永恆的愚蠢,關鍵在於你是否有一種沉穩、務實的工作態度。人常說「謀事在人,成事在天」,人的命運由主、客觀多方面因素綜合作用,聰明的人只看到了人的主觀性的一面,卻忽略了制約命運的許多客觀因素,工於算計,最後卻反而算計到自己頭上。而傻的人卻不似聰明人這般瞻前顧後,他們很專注,一門心思地、盡心盡力地做自己認為該做的事情,他們無形中將一個個競爭對手甩在了身後,當他們把一件事做得很出色的時候,成功自然而然向他們招手了。從這個意義上說,傻其實是一種包羅萬象的大境界,貌似帶有屈辱色彩的「傻」字當中,包含了成功所需要的堅持、專注、務實等必要因素,因此沉得住氣,傻傻地堅持,成功也會「傻傻」地到來。

不按常規出牌，
將勝券抓在手中

　　在博弈中，大部分人都是保持著理性的，當一方採取某種攻擊策略時，另一方也經過不斷推測，做出最好、最理性的回應，也就是說這種博弈是完全按照章法來進行的。在這樣的博弈中，因為對方能摸清你的出牌套路，所以，你輸的可能性就比較大。但此時，如果採取隨機策略，讓他摸不清你的行動規律，便可巧妙地戰勝強大的對手。

　　唐朝末年，安祿山起兵造反，派遣叛將令狐潮率重兵包圍了雍丘（今河南杞縣）。為了保衛雍丘，守將張巡留一萬人守城，自己帶領一千精兵，打開城門衝出。張巡身先士卒，衝進敵陣猛砍，士兵個個奮勇。叛軍做夢也沒想到張巡敢衝出城，被殺得人仰馬翻。

　　為了儘早攻下雍丘，令狐潮於第二天指揮士兵架起雲梯登城作戰。張巡率領士兵把用油浸過的草捆點著後拋下城去，登城的叛軍被燒得焦頭爛額，非死即傷。此後60多天裡，只要一有機會，張巡就突然出兵攻擊，打得叛軍不知如何應對。

在與叛軍作戰的過程中，張巡用計奪取了叛軍的大量糧食和鹽，但糧鹽雖足，城中箭矢卻已消耗得差不多了。張巡讓士兵紮了許多草人，給它們穿上黑衣。當夜月色朦朧，張巡命令士兵用繩子把草人陸陸續續地縋下城去。城外叛軍見這麼多人縋城而下，紛紛射箭，一時間箭如飛蝗。射了半天，叛軍發覺不對勁，因為他們始終沒聽到一聲喊叫聲，又發現這一批剛拉上城去，那一批又縋下來，始覺中計。派人前去探查以後，他們方知所射的都是草人。在他們大呼上當之時，張巡已收穫一萬多支箭矢。

　　為了儲備足夠的箭矢，第二天深夜，張巡又把外罩黑衣、內穿甲冑的草人從城上放下去。叛軍發現，亂射了一陣，發現又是草人。以後每天夜裡，張巡都是如此，城外叛軍漸漸知道是計，也不再拿箭去射。這時，張巡決定發起總攻。這一日，張巡把500名勇士趁夜色縋下城去，勇士們奮勇衝進敵營。叛軍一點準備也沒有，立時大亂。接著，叛軍的營房四處起火，混亂中也不知來了多少官軍。最後，張巡率軍直追殺出10餘里，大獲全勝。

　　故事中，叛軍剛開始發現用箭射的都是稻草人時，以為當從城牆上縋下東西，仍用箭去射是對的，但後來上當的次數多了，他們就樂觀地以為再次縋下來的肯定還是稻草人，結果張巡就縋下真人將他們殺得落花流水。故事中張巡採用的這種方法就是博弈論中的隨機策略。所謂隨機策略，就是說博弈參與

者應用隨機方法來決定所選擇的策略。

　　民間很早就有「亂拳打死老師傅」的說法，說的是一位學藝歸來的拳師，與老婆發生了爭執。老婆摩拳擦掌，躍躍欲試。拳師心想：「我學武已成，難道還怕你不成？」沒承想尚未擺好架勢，老婆已經張牙舞爪地衝上來，三下五除二，竟將他打得鼻青臉腫，沒有還手之力。事後別人問他：「既然學武已成，為何還敗在老婆手下？」拳師說：「她不按招式出拳，我怎麼招架？」這裡說的與隨機策略其實是一回事。

　　其實就跟打牌是一樣的，在不按照章法出牌的時候，別人便摸不清你的套路，就無法有針對性地出牌，這樣我們就增加了勝利的機率了。

繞開從眾誤區，
不走尋常路

在社會上，那些成功的機會以及可以助我們成功的資源，都是有限的，只有少數人能擁有，因此，要想在多人博弈中取勝，就必須繞開從眾的誤區，走與眾不同的路。

有一個衣衫襤褸的少年來到一棟摩天大樓的工地，向衣著華麗的承包商請教：「我應該怎麼做，長大後才能跟您一樣有錢？」承包商看了少年一眼，對他說：「我給你講一個故事：有三名工人在同一個工地上工作，三個人都一樣努力，只不過其中一個人始終沒有穿工地發的藍制服。最後，第一個工人現在成了工頭，第二個工人已經退休，而那個沒穿工地制服的工人則成了建築公司的老闆。年輕人，現在明白了嗎？」

少年滿臉疑惑，聽得一頭霧水，於是承包商繼續指著前面那批正在工作的工人對少年說：「看到那些人了嗎？他們全都是我的工人。但是，那麼多的人，我根本沒辦法記住每一個人的名字，有些人甚至連長相都沒印象。但是，你看他們之中那個穿紅色襯衫的人，就因為他穿得與眾不同，我才發現他不但

比別人更賣力，而且每天最早上班，也最晚下班，我過幾天就要過去找他，升他當監工。年輕人，我就是這樣成功的，我除了賣力工作，表現得比其他人更好之外，我還懂得如何讓自己與眾不同以獲取機會。」

故事中的承包商因為懂得在多人博弈中跳出從眾的怪圈，用與眾不同的方法為自己贏得了成功的機會，這種策略在博弈論中還有一個專業名詞叫「少數者策略」。

我們可以來假設這樣一種情景：一天晚上，你參加一個聚會，屋子裡有許多人，你們玩得很開心。就在這時候，屋裡面突然失火，火勢很大，一時無法撲滅。這間房子有兩扇門，你必須從它們之間選擇一扇逃出屋外才能保住性命。但問題是，此時所有的人都和你一樣爭相逃生，他們也必須搶著從這兩扇門逃到屋外。如果你選擇的門是很多人選擇的，那麼你將因人多擁擠衝不出去而被燒死；相反，如果你選擇的是較少人選擇的，那麼你將逃出生天。

在社會上，那些成功的機會以及可以助我們成功的資源，都如同上面那扇可以幫我們逃生的門一樣，都是有限的，只有少數人才能擁有，因此，我們要想在多人博弈中取勝，就必須繞開從眾誤區，走與眾不同的路。在生活中，我們也可以發現，往往是那些與眾不同的少數人，能夠順風順水地改變命運。

在北京市海淀區的一條大街上，排列著十幾家餐館，大部

分的餐館無論是格局還是服務給人的感覺都差不多，但有一家小餐館卻與別家不同，不但餐館的外牆刷了與眾不同的淺綠色，服務也與眾不同。這裡的老闆與員工招呼客人、點菜、報菜名，感覺完全就是說笑話、講評書，而且每道很普通的菜都有一個很另類的「雅號」。

比如有八位客人剛走到門口，負責招呼客人的員工就扯起嗓子大吼：「英雄八位，雅座伺候！」點菜時，客人點兩個滷兔腦殼，員工轉身對廚房喊：「來兩個『帥哥』！」客人點「豬拱嘴」，到員工那裡就成了「相親相愛」。這些別致的另類菜名，讓來店裡吃飯的各路「英雄」莫不捧腹、噴飯！因此，客人在這裡吃飯、喝酒，完全是一種精神享受。

當客人們酒過三巡之後，店家免費給每桌「英雄」送一份「遲來的愛」──一盤普通的泡菜！客人酒足飯飽之後，還會給每桌的「英雄」奉送幾根「摳門」──牙籤！

就是因為有這麼多的與眾不同，這家餐館的生意一直都出奇地火爆。

上面這個故事，是不是與之前的兩個故事有異曲同工之妙呢？所謂理有必至，事有固然。我們在探索成功者的策略時，往往都能從中發現一些共同的規律，「繞開從眾的誤區，走與眾不同之路」，只不過是其中之一罷了。

逆反求勝，
守在競爭最激烈的地方尋找成功

很多人錯誤地以為競爭越少的地方越容易成功，真是那樣嗎？其實不然。我們且來看一個小故事。

一個年輕人懷揣著在北京辛苦掙來的十幾萬元回到家鄉，想用這筆錢在家鄉尋找一個合適的地方開一家餐館。

一個朋友幫這位年輕人選擇了一個地方：有條街，做生意的門店很多。有做服裝的，有賣五金配件的，就是沒一家餐館。恰巧有一家門店要轉讓，朋友認為很適合開餐館。因為如在這裡開餐館，有充足的客源，競爭的壓力也相對小一些。可是年輕人在整個市區調查一番後，反而選擇了一條中心街，那裡的餐館一家挨著一家。

年輕人這樣選擇有他的理由。他曾在北京中關村打過工，中關村儘管寸土寸金，但生產電腦或生產電腦配件產品的廠家或經銷商地區總部的首選，都是那裡。因為已經形成區位優勢，匯聚眾多電腦企業，中關村幾乎成了電腦的代名詞，對消費者自然有著強大的吸引力。而開餐館也是這樣，越是餐館集

中的地方，客流量也越大，生意越好做，只要有「真料」，必然能夠得到顧客的認可，餐館也就越容易做好。後來的發展果真如年輕人所料，他在中心街所開的餐館，生意蒸蒸日上，同時，他引進了先進的管理模式，每天早上讓服務員整齊劃一地集合在餐館門口訓練，成了這條街上的一道風景。

而被他的朋友相中的那一家門面在掛上「好再來」的招牌後不到一個月便貼出了轉讓的告示。

兵法云：「夫地形者，兵之助也。料敵制勝，計險厄、遠近，上將之道也。知此而用戰者必勝，不知此而用戰者必敗。」可見地形對作戰的重要性，為將者不可不察。

人生如打仗，要想獲取成功，天時、地利、人和一樣都不能少，其中的地利更是三者裡面的重中之重。選準好的地形對事情的成敗往往起決定性作用，而如何選準地形？有人如同故事中那個年輕人的朋友一樣，錯誤地以為競爭越少的地方越容易成功，其實，真正懂得ESS博弈策略的人都明白，守在競爭最激烈的地方更易成功。

ESS策略在日常生活中的運用範圍很廣，具體在我們挑選地形上，就是應該在競爭最激烈的地方、成功最多的地方尋找成功。

酒香不怕巷子深的時代已經過去，即使你的酒很香也得選個好的地方才行，競爭最激烈的地方往往也是成功機會最多的地方，北京王府井、紐約曼哈頓、美國華爾街，這些地方的房

價高是有道理的,因為這裡的競爭激烈,這裡最容易成功。所以,為了能獲取成功,我們一定要謹記ESS策略,逆反求勝,守在競爭最激烈的地方尋找成功。

第七章

生意好不好，
思路比努力更重要

沒錢更要學會像富人一樣思考

1991年9月，京都龍衣鳳裙集團公司的總經理金娜嬌代表新街服裝集團公司在上海舉行了隆重的新聞發布會。在返回南昌的列車上，和同車乘客的閒聊使金娜嬌得知，清朝末年一位員外的夫人有一身衣裙，分別用白色和天藍色真絲縫製，白色衣服上繡了100條大小不同、形態各異的金龍，長裙上則繡了100隻色彩絢爛、展翅欲飛的鳳凰，被稱為「龍衣鳳裙」。而員外夫人依然健在，那套龍衣鳳裙仍珍藏著。虛心請教一番後，金娜嬌得到了員外夫人的住址。

金娜嬌得到這條資訊後，馬上改變了返程的主意，立刻找到那位年近百歲的老夫人。作為時裝專家，當金娜嬌看到那套色澤豔麗、精工繡製的龍衣鳳裙時，她也驚呆了，她敏銳地感覺到這種款式的服裝大有潛力可挖。

於是，金娜嬌毫不猶豫地以5萬元的高價買下了這套稀世罕見的衣裙。

回到廠裡，她立即選取上等絲綢面料，聘請蘇繡、湘繡工人，在那套龍衣鳳裙的款式上融入現代時裝的風韻。皇天不負

苦心人，歷時一年，她設計試製出了當代的龍衣鳳裙。

在廣交會的時裝展覽會上，「龍衣鳳裙」一炮打響，國內外客商潮水般湧來訂貨，訂貨額高達1億元。

在由窮人變成富人的過程中，對金錢的嗅覺起著關鍵的作用。

一般而言，金錢的嗅覺包括心理、言語、交際等方面，是一種適於經濟競爭和社會競爭的綜合素質，並不限於精通一門技藝，而是一種理性的能力。因此，富人首先是一個理性的人，只有一個理性的人才具有對金錢敏銳的嗅覺。

而理性的人之所以能擁有金錢的嗅覺是因為他們具有以下的一些特徵和能力。

1. 興趣產生動力

作為一個會賺錢的人，他首先必須具備的條件是對金錢的執著追求。對從事的事業有興趣的人，才能在激烈的競爭中感受到無限的樂趣。同時，興趣也是創意的根源，它會使我們發現無窮的改善方法。對金錢沒興趣的人，絕對不能做經營者，就是做了，也不會成功。一個理性的人能對自己有一個理性的分析，知道自己的優勢在哪裡，興趣在哪裡，這樣就不會盲目。

2. 理性的人懂得科學理財

理財，一方面要膽大，另一方面要心細，這就是所謂的膽大心細。把握事物的輕重緩急，且具有敏銳的分析與處理能

力，必能賺大錢。和金錢有關的事都有危險性存在。因此，如果你時時刻刻都戰戰兢兢，那就不可能成功。同時，你要有極大的耐心來細心處理與金錢相關的事情。

3. 理性的人講究商業信譽

的確，每個人都希望有錢，這並沒有錯，但要獲得錢財，必須有原則：不能違背人情義理和政策法規去牟取利益。在商海中奮鬥，信用和商譽非常重要。而信用和商譽，必須經過長時間的努力才能獲得。

4. 理性的人能在瞬間把握機會

在瞬息萬變的商業社會裡，把握時機、當機立斷，比拖拖拉拉，一天開幾次會議來得實際。與其把時間浪費在空談上，不如看準機會，發揮決斷的能力。如果過於慎重，反而會錯失良機。雖然慎重是做生意的重要條件，但絕不是成功的必要因素。

5. 理性的人擁有對數字的敏感性

熟悉資料，加強數字觀念，是賺錢的根本素質。假如你有意於經營之道，那麼平常就應熟悉資料，若臨時抱佛腳，那就為時已晚。心算迅速，也可以幫助你迅速地做出判斷。

6. 理性的人懂得積累的重要

每個人都知道，小錢可以攢成大錢。但要實行，就有困難了，這需要持久的毅力和不變的決心。如果我們把每年收入的10%儲蓄起來，不到幾年就會是一個可觀的數字。請注意，即

使當我們非常需要用錢的時候,也儘量不要動用儲蓄的錢,這對於我們長期維持儲蓄的計畫十分重要。

即使沒錢也要學會像富人一樣思考,培養對金錢的嗅覺。

思路決定「錢」途，
行動創造「錢」景

　　生意場上的人總愛說「商機無限」，然而很多人同時又發現自己做什麼生意都好像賺不了太多錢，開個餐館，發現那條街上到處都是餐館；開個複印打字店，發現乾洗店的生意好像更好；等開了乾洗店，發現街上已經有很多乾洗店了。於是你開始糊塗，所謂無限的商機到底在哪裡？

　　商機是無限的，但是有待於敏銳的你去發現。正所謂思路決定「錢」途，行動創造「錢」景。沒有眼力、不會思考的人永遠只能跟在別人後面，別人幹什麼自己就跟著幹什麼；而有眼力的人則善於發現空白，做第一個吃螃蟹的人。

　　締造「芭比娃娃」王國的女皇露絲‧漢德勒就是一個很有眼力、會思考的人。

　　1942年，躊躇滿志的漢德勒夫婦在一間車庫裡創辦了他們的公司。最初他們公司的產品是木質畫框，伊里亞德研製樣品，露絲負責銷售。當時，露絲已經有了一個女兒，作為一位母親和一個玩具商人，她十分重視孩子們的想法。一天，她突

然看見女兒芭芭拉正在和一個小男孩玩剪紙娃娃。這些剪紙娃娃不是當時常見的那種嬰兒寶寶，而是一個個少男少女，有各自的職業和身分，讓女兒非常著迷。「為什麼不做個成熟一些的玩具娃娃呢？」這讓露絲看到了商機，經過無數次的努力，芭比娃娃就誕生了！

1970年，露絲被診斷患有乳腺癌，並接受了乳房切除手術。同時，美泰公司的新主管開始將公司產品多元化，不再把生產玩具作為重心，這一政策最終導致露絲和她的丈夫被迫遠離他們當初創建的公司業務。1975年，露絲辭去了總裁職務，離開了自己和丈夫創立的公司。

這一連串的不幸沒有擊垮露絲，眼光獨到的她竟然從自己的疾病中獲得了新的靈感。她為自己做了一個逼真的假乳房，取名為「真我風采」，並由此開始了她的二次創業。1976年露絲成立了一家新公司，不是生產玩具，而是生產人造乳房。她的目標是使人造乳房非常真實，以使「一個女人可以戴一般的胸罩，穿寬鬆的上衣挺胸走在路上，而且非常驕傲」。

正如「芭比」在一開始受到的冷遇，在那個時代，乳房病症仍然是一個難以啟齒的話題，露絲受到了來自各方面的嘲笑和譏諷，即使是女人對她也不理解。露絲堅持了下來，頑強地面對種種阻礙，到了1980年，露絲公司人造乳房的銷售額已經超過了100萬美元。她又一次獲得了非凡的成功。

會思考、會分析，才會看到商品是否有增值的可能性。二

十幾歲的年輕人要想有眼力、會思考，首先要有創業熱情，一個對成功有強烈渴望的人才會全身心地投入市場和商品研究中，這也是成功的第一步。其次，還需要增強多專業交叉的知識結構，以拓展具有可能性的創業領域。因為，任何一個人都是無法超越自己的知識結構背景而具備識別商品的眼力的。

會思考，更要敢於行動。正所謂最大的冒險，就是不去冒險，財富總是青睞有勇氣的人，猶豫畏縮、不敢邁步的結果是讓你在追逐財富的道路上永遠原地踏步。

皮爾‧卡登是個敢於冒險的人，他對馬克沁餐廳的經營策略更是體現了他在關鍵時刻的決策能力和才幹。馬克沁餐廳創建於1893年，是法國著名的高檔餐廳，但是，發展到20世紀70年代，經營狀況卻越來越不景氣，到1977年時，已瀕臨倒閉。這時，皮爾‧卡登卻決定買下馬克沁餐廳，朋友都以為皮爾‧卡登在開玩笑，紛紛勸阻他。但是，皮爾‧卡登自己卻認為馬克沁雖然目前不景氣，但歷史悠久，牌子老，有優勢。它經營狀況不佳的主要原因在於檔次太高，而且品種單一，市場也局限在國內，只要從這幾方面加以改進，肯定可以收到成效。而且，在其不景氣的時候購買，才能以低價買進。

1981年，皮爾‧卡登終於以鉅款買下了馬克沁這一巨大產業。經營伊始，他立即著手改革。首先，增設檔次，在單一的高檔菜的基礎上再增加中檔和一般的菜點。其次，擴大經營範圍，除菜點外，兼營鮮花、水果和高檔調味品。事實證明他

當初的冒險是非常正確的。

要有冒險精神,並不是讓人盲目下注,盲目下注相當於把錢扔掉。創業之路上,意氣用事,甚至沒有任何原因就盲目投入的案例並不少。二十幾歲的年輕人不僅要敢想,更要敢做,還要時時控制自己,保持清醒的大腦是制勝的關鍵。

借雞生蛋，借錢生錢

聰明的投資者都懂得借錢來賺錢。西方商界有句名言：只有傻瓜才拿自己的錢去發財。美國億萬富翁馬克‧哈樂德森也曾說：「別人的錢是我成功的鑰匙。把別人的錢和別人的努力結合起來，再加上你自己的夢想和一套奇特而行之有效的方法，然後，你再走上舞台，盡情地指揮你那奇妙的經濟管弦樂團。你就會出奇制勝，大獲成功。」著名華商沈鵬沖、沈鵬雲兄弟就是善借財勢巧妙經營的傑出代表。

沈鵬沖、沈鵬雲兩兄弟1949年從內地到香港謀生。眾所周知，20世紀40年代末至50年代末，香港的經濟還很不發達，在那裡生活非常不容易，連找份工作也很艱難。

沈氏兄弟覺得在香港難以謀生，聽說巴西有創業的機會，便於1955年來到巴西聖保羅市。經過一番尋找，他們終於找到一份工作，總算有了個落腳點。

有一次，沈鵬沖到南里奧格蘭德州首府雷格里港旅行，在一間餐館吃飯時，發覺一種義大利肉雞美味可口，他飽餐了一頓。同時他還打聽到，這種義大利肉雞是一種有名的肉食，當

地人十分喜愛。

可謂踏破鐵鞋無覓處，得來全不費工夫，沈鵬沖無意中獲得了義大利肉雞這個資訊。他顧不得旅行，火速趕回聖保羅與弟弟商量飼養義大利肉雞一事。

一番算計之後，兄弟倆覺得此事雖有前途，但可惜自己沒有資金，怎麼辦得起雞場？他們被難住了。連續幾天奔走求人借錢都無門，簡直絞盡了腦汁。在苦思之中，弟弟沈鵬雲突然想起了中國傳統謀略中所說的「借術」，當自己的力量不夠的時候，應當善於借助他人的力量。

沈鵬沖兄弟根據「最巧妙的借」的方法，策劃組織了一個互助會，其實質是一種合作社形式，在其相識的朋友、鄰里、工友中招募人員參加。他們反覆講明參加互助會的成員投入的本金及利息可按時歸還，還能獲得較好的分紅，因為互助會所籌集的資金是用來創辦有發展前途的義大利肉雞場的。經過他們倆聲嘶力竭的宣傳和東奔西跑的登門遊說，雖說沒有多少人參加，但總算籌到1萬美元。他們就憑這1萬美元在阿雷格里港郊區辦起了一個養雞場，取名為「阿維巴農場」。

由於資本太少，初期該農場規模不大，每星期只能供應200隻雞。但沈鵬沖、沈鵬雲兄弟卻充滿信心，認為這養雞場正如母雞一樣，由小到大，然後下蛋，再孵出一群小雞。如此反覆循環，很快就會繁殖出千千萬萬隻雞來。在他們的辛勤勞動和精心管理下，阿維巴農場真的迅速發展壯大起來，幾年後

改為阿維巴公司。隨後，公司辦起了多個養雞場。至今，他們已擁有24個養雞場。同時，他們還相繼建起孵化場、飼料廠、冷凍雞加工廠等，使公司各項業務配套成龍。現在，沈鵬沖兄弟的公司每週可供應180萬隻雞，僅此一項業務，每年營業額就達1.65億美元。隨著養雞業的發展，沈氏兄弟的財富不斷增多，他們乘勢拓展業務，先後又辦起了4家貿易公司，這方面的年營業額也高達2億美元。

沈氏兄弟白手起家，以「互助會」形式發揮「借」術，從養雞開始，成功地開創和發展了自己的事業。這種「借雞下蛋，以蛋孵雞」的手法，十分高明，發人深省，耐人尋味。

「借雞生蛋」雖是經商的一大訣竅，但借錢需要一定的技巧，它需要當事者手法純熟，其中最重要的一點就是顯得不缺錢。借錢給人是以還錢與否為首要考慮的，所以你越有錢，別人也越願意借錢和你合作！所以，要想借別人的錢生錢，千萬記住要顯得不缺錢。

比如銀行是專門做錢生意的，低價吸進來，高價貸出去，要是沒人借它的錢了，它比誰都著急。但是它的錢會給窮人嗎？銀行不是慈善機構。窮，是失敗的標誌（至少在經濟方面），失敗者難以給人信心，沒有信心別人就不會把錢借給你，救急不救窮，這是很簡單的道理。二十幾歲的年輕人一般沒有太多錢，當你需要借錢時，你不能用窮去打動別人，那就成了乞討，不僅人格受辱，而且收效甚微。你要想讓人心甘情

願地把錢借給你,還要謝你,你就必須找到別人的需求點:在按時還錢給他的同時,還給他帶來豐厚的收益。這是借錢賺錢必須知道的技巧。

先用小錢賺經驗，
再用經驗賺大錢

很多人都夢想自己有朝一日能不費吹灰之力，讓財富滾滾而來，瀟灑自在地快活一番。但大多數人終其一生，都難以夢想成真，這是什麼原因呢？因為有些人賺錢的心太急了，從而導致了錯誤的致富心態。他們只想發大財、賺大錢，能賺小錢的機會看不上眼，忘了積少成多、涓滴成海的道理。

有的人「大錢賺不到，小錢不願賺」，結果總是愁錢用。事實上，賺小錢是賺大錢的必要步驟。曾有位百萬富翁說過：小錢是大錢的祖宗。在賺小錢的過程中，可以增加經驗、見識、閱歷，培養金錢意識和賺錢能力，同時積累人脈關係。

四川雙流縣的「李姐稀飯店」靠賣稀飯，在短短的五年時間裡，竟擁有了百萬財富。

李姐大名叫李春花，她與丈夫辜強都是重慶市仁壽縣人。夫妻倆在1992年雙雙下崗。他們先是做菸草生意，但由於上當受騙進了假菸，不僅賠光了積蓄，還揹上了20多萬元的債務。

為了逃避債主，夫婦倆來到成都雙流縣城賣稀飯。但稀飯的確不好賣，開張三個月就虧本三萬多元。顧客偶然的一句話提醒了他們：「開稀飯店啊，一定要改變經營理念，要不斷地盤算出新花樣才行。」

夫妻倆決定把稀飯當成正餐做，原因有二：一是現在生活好了，人們對大魚大肉吃膩了，喝點稀飯爽爽，是一種必要；二是如果把稀飯當成正餐來吃，就必須改變一些特點，改良稀飯品種，比如魚稀飯系列、臘肉稀飯系列、肥腸稀飯系列等。另外，還可根據稀飯的特點配置各種各樣的菜品。這樣，就把正餐的飲食特點結合了進來。

辜強在短短的幾個月時間內，便研究出了十幾種稀飯。新品稀飯正式營業那天，夫婦倆熬了五鍋不同類型的稀飯，免費給顧客品嘗。客人們吃完後個個讚不絕口，都覺得稀奇，因為他們從來都沒見過稀飯也可以做出這麼多花樣來。這樣一傳十、十傳百，沒過多久，小店的客人就比原來多了好幾倍，日營業額有時竟高達兩三千元。

日趨增多的顧客常使李姐夫婦感到忙不過來，李姐的心裡又開始盤算起來：不如換個大點的地方賣稀飯，把稀飯產業做大。於是他們租下了一戶面積約兩畝的農家大院，又聘請了幾個工人，做各種新式稀飯。新店的生意果然更火爆，一到週末，大院前面的空地上便密密麻麻地停滿了車輛。

面對喜人的局面，李姐居安思危：一定要保住稀飯這塊招

牌。於是,她迅速到有關部門註冊了「李姐稀飯大王」的商標,又將店搬遷到一個足有3畝地的地方,並聘請了50多名小工。後來,李姐又添加了中餐和小吃等項目,由於味道好,價錢合理,同樣受顧客喜歡,一天的營業額有時高達1.7萬元。

有人問李姐成功的秘訣是什麼。李姐就告誡他們:「不要認為稀飯利薄就不去做,利薄總比沒有強。我最瞧不起那些窮得叮噹響,又總想掙大錢的人。勿以利小而不為,小本生意做大了就成大生意了啊。」

不要嫌生意小利潤少,先賺小錢累積經驗,再用經驗賺大錢,這種經營觀點正體現了那些富人的高明之處。據統計,國外90%以上的大富豪是白手起家或靠小本起步的,只有10%不到的人是靠繼承遺產發跡的。在中國,改革開放之前全是窮人,靠賺小錢起家的恐怕要佔到99%以上。

事實上,做小生意是做大生意的必要步驟,因為在做小生意的過程中,可以增加經驗、見識、閱歷,可以培養一個人做生意賺錢的能力,同時還能積累人脈關係。試想,一個不願做小生意的人,他能管理好資產上百萬的企業嗎?所以,人要想賺大錢,不能指望「一口吃成胖子」,還是要腳踏實地,從小生意做起。

冷門處掘金，
做生意也要有「個性」

古人云：「與人相對而爭利，天下之至難也。」商場上競爭激烈，如何在競爭中取勝？二十幾歲的年輕人不妨採用逆轉思維，人棄我取，在冷門處掘金。明代的大富豪展玉泉便是這方面的典範。

明初的鹽商，以經營淮鹽者居多，經營滄州（今河北）鹽的人少，即使有人經營，時間也比較短。但也有例外，那就是獨具遠見卓識的展玉泉。

根據明代不得越境銷售的嚴格規定，滄鹽的運銷地區是直隸，河南彰德、衛輝二府等地。時至明中葉，這種鹽業專賣制出現了嚴重危機。

由於鹽業可獲大利，官僚子弟便大量擁入鹽業，致使私鹽之風日盛，私鹽多而官鹽阻滯。由於當時的特定時局，加之受滄州本地特殊的地理環境等諸多因素的綜合影響，滄州鹽區成為這一危機的重災區。滄州鹽區出現了大量的私鹽入境，加上當地居民自製土鹽使得滄鹽銷量銳減。經營滄鹽的商人在盈利

額大幅下跌的情況下,紛紛離去,到其他地區另謀生計。曾經盛極一時的鹽業,一時間竟成了冷門。

大多數商人都紛紛離去,展玉泉的父親受這些人的影響,開始有所動搖,想效仿其他商人的做法——離開滄州。有一句話說得好,「知子莫若父」,展玉泉的父親深知展玉泉深諳經商之道,多年的商場歷練之中,更是充分顯示了他那高人一等的經商謀略。因此,展玉泉的父親雖心中已有定奪,但還是想聽聽展玉泉的意見。

聽了父親的打算,展玉泉斷然否定了這一想法,有條不紊地分析了當時的時局,並對父親說道:「在滄州重新成為鹽的熱銷區前,我們何不借此機會,多爭得一些客戶的信任,提高我們的知名度,為我們的財富大廈打下更深的地基呢?地基越深,我們的財富大廈就能『蓋』得越高。因此,雖然我們現在在坐『冷板凳』,可一旦把『冷板凳』坐熱之後,就可以實現『閉門家中坐,利從天上來』了。這就是『冷板凳』謀略的威力。總之,我們堅守陣地不動是靜態的進攻策略,此乃上策;相反,若此時採取動態的進攻策略——效法其他商人離去,乃為下策。」最後,展玉泉以簡短的一句話道出了其中的利害關係。

展玉泉的父親在聽了展玉泉那頭頭是道、脈絡清晰、邏輯嚴密的論述之後,沉默了很久。他不斷地權衡著離與不離的利弊,最後認同了展玉泉的觀點,並暗讚道:「真是青出於藍而

勝於藍，長江後浪推前浪，一代新人換舊人呀！」於是，在滄州鹽出現大量私鹽入境，銷售大減，其他鹽商都相繼離去的情況下，唯有展玉泉的父親堅守基業，沒有離去。

後來，展玉泉的話果然應驗，他的「冷板凳」坐熱了，而且溫度越升越高。鹽制經過改革和整頓之後，出現了新的局面，經營滄鹽者又可謀取大利了，眾鹽商又紛紛雲集於滄州，鹽商人數比過去增加了十多倍。

由於展氏家族在眾鹽商紛紛離去之際，沒有隨波逐流，而是一直堅守自己的陣地，所以在此期間，贏得了很多老客戶，形成了自己固定的客戶群。而其他的後來者就不得不重新開發自己的客戶群。我們知道：開發一個新客戶的成本相當於保住四個老客戶的成本，這樣，展氏的經營成本明顯大大低於其他鹽商，相對地，他的盈利則大大高於其他鹽商。

展玉泉「人棄我取」善坐冷板凳的謀略觀使得展家與其他的鹽商相比較，具有絕對的客戶資源優勢，客戶資源優勢便意味著市場資源優勢，而市場資源的優勢便昭示著豐厚的利潤。

在市場中，所謂的冷門或熱門並無嚴格意義的區分。今天的冷門或許就成了明天的熱門，而今天還風風火火的熱門，說不定明天就無人問津了。人們都有跟風的愛好，哪個行業賺錢便蜂擁而上，競爭的激烈可想而知，不僅賺錢艱難，由此還可能導致整個行業的崩潰。

當大家都瘋狂地擁向熱門行業時，不妨做個冷靜的旁觀者，悄悄向冷門處進軍，說不定會有意想不到的收穫呢！

善唱對台戲，
利用對手進行宣傳

　　對產品進行宣傳是產品銷售中的一個重要環節。宣傳不僅能擴大知名度，而且代表一家企業的自身形象。抓住對手的短處，有針對性地宣傳，可使消費者在莞爾一笑之餘，點頭認可，從而成為自己產品的追隨者。

　　這樣的宣傳，首先要瞭解產業內的利潤集中區，即競爭對手實際賺錢的範圍，這樣可以開闊視野，看到新的機會。先想出哪一個對手擁有高市場佔有率，而且在市場某特定區塊獲利極高；再想想，如何把對手這項優勢當作弱點。通常，在面對這種猛烈的攻勢時，對手必得大幅降低利潤，否則無力招架。

　　國內外有許多大家耳熟能詳的產品利用對手的弱點進行宣傳，取得了不錯的反響和效果。

　　蘋果公司為與「藍色巨人」IBM相抗爭而推出的名為「1984」的廣告，取得了巨大的成效。而作為電腦界泰斗的IBM公司當然不甘心就此退出小型電腦市場，因為這還會給企業形象帶來很大的衝擊，於是，IBM公司發起了反擊。除了加

快研究適銷對路的新產品和提高產品品質與服務外，IBM公司以自己雄厚的實力掀起了一場廣告戰。

其中的一則廣告畫面極其生動有趣，且富有溫情。一開始便是一望無際的沙漠，一頭大象和一頭小象在其間跋涉。小象極其活潑，四處亂跑，而大象一直在後面跟著，照顧著牠。前面是一座沙丘，又高又陡，小象逞強地向上衝，非常努力，快到丘頂的時候卻滑了下來。大象跟了上去，用牠的鼻子，用牠的身體，把小象托了上去。然後，換成了小象跟著大象，由大象帶領著，穿越沙漠，向遠方走去。

這則廣告繼「1984」之後在全美電視播放後，馬上引起了千萬消費者的注意。可愛好動的小象、老成持重的大象，配以迷人的沙漠風光，廣告的寓意十分明顯，把IBM公司在電腦界的「大哥大」地位表達得淋漓盡致，而暗示蘋果公司只能是個小弟弟。廣告的訴求十分準確，效果十分明顯。

沒有太多的宣傳管道，沒有太多的宣傳經驗，也沒有太多的錢去做鋪天蓋地的宣傳，就要尋找對手的弱點，有針對性地進行宣傳，這樣可以達到有效的宣傳目的，又可以節省資金。但注意一定要實事求是，宣傳的「度」一旦把握不好，過於抬高自己、打擊別人，就會使消費者產生厭惡之感。

設計產品時，
「要相信客戶都是懶人」

　　馬雲是阿里巴巴的董事局主席兼首席執行長，他用七年時間締造了全國最大的電子商務帝國——阿里巴巴，創造了中國式的「阿里巴巴芝麻開門」的成功神話。

　　馬雲收購雅虎後，雅虎的一些員工一時還沒有改變原有的工作方式，在這種情況下，馬雲講了他的「懶人理論」，目的是委婉地告訴雅虎員工在阿里巴巴工作，需要改變方法，阿里巴巴的理念是「要相信客戶都是懶人」，所以需要處處為客戶著想，客戶懶得做什麼，阿里巴巴就要做什麼。

　　「世界上很多非常聰明並且受過高等教育的人無法成功，就是因為他們從小就受到了錯誤的教育，他們養成了勤勞的惡習。很多人都記得愛迪生說的那句話：天才就是99％的汗水加上1％的靈感，並且被這句話誤導了一生——勤勤懇懇地奮鬥，最終卻碌碌無為。其實愛迪生是因為懶得想他成功的真正原因，才編了這句話來誤導我們。

　　「很多人可能認為我是在胡說八道，好，讓我用100個例

子來證實你們的錯誤吧!事實勝於雄辯。

「世界上最富有的人比爾‧蓋茲,懶得讀書,就退學了。他又懶得記那些複雜的DOS命令,於是,就編了個圖形的介面程式,叫什麼來著?我忘了,懶得記這些東西。於是,全世界的電腦都長著相同的『臉』,而他也成了世界首富。

「……

「我以上所舉的例子,只是想說明一個問題,這個世界實際上是靠懶人來支撐的。世界如此精采都是拜懶人所賜。現在你應該知道你不成功的主要原因了吧?

「懶不是傻懶,如果你想少幹,就要想出懶的方法。要懶出風格,懶出境界。像我從小就懶,連肉都懶得長,這就是境界。」在阿里巴巴有一個有趣的現象,馬雲身為互聯網公司的CEO,卻對互聯網十足外行,甚至馬雲自己都說,只會收發郵件。

馬雲說:「電腦我到現在為止只會做兩件事,收發電子郵件還有瀏覽,其他沒有了,我真不懂,我連在網上看VCD也不會,電腦打開我就特別煩,拷貝也不會弄,我就告訴我們的工程師,你們是為我服務的,技術是為人服務的,人不能為技術服務,再好的技術如果不管用,瞎掰,扔了,所以我們的網站為什麼那麼受歡迎,那麼受普通企業家的歡迎,原因是,我大概做了一年的品質管制員,就是他們寫的任何程式我要試試看,如果我發現不會用,趕緊扔了,我說80%的人跟我一樣

蠢，不會用的。」

可以說，馬雲的「懶人理論」顛覆了我們以往的所有慣性思維，跳出了固有觀點的圈子，一針見血地指明了通往成功的出路──阿里巴巴的平民化，馬雲要求阿里巴巴要以客戶的要求為導向，不能把網路做得太複雜，要通俗易懂，方便操作，最好是讓「菜鳥」都能玩轉阿里巴巴，這是馬雲所希望看到的。

所以，阿里巴巴每做一個新程式，都要給馬雲親自體驗一番，員工們戲稱為「馬雲測試」，就像白居易詩成後每每讀給老嫗聽，若老嫗不解，便再加修改一樣，做到「老少咸宜，男女通殺」。

馬雲告訴阿里巴巴的程式設計師：「我不想看說明書，也不希望你告訴我該怎麼用。我只要點擊，打開瀏覽器，看到需要的東西，我就點。如果做不到這一點，那你就有麻煩了。即使在後來，使用淘寶和支付寶這些網站時，我也是個測試者。我和淘寶的總經理打賭，隨便在路上找10個人做測試，如果有任何顧客說，他對使用網站有問題，那麼你就會被懲罰，如果大家都能使用，完全沒有問題，那麼你就有獎勵。所以這個測試是確保每一個普通人都能使用網站，不會有任何問題，只要進入，然後點擊就行了。因為我說的話代表世界上80％不懂技術的人。他們做完測試，我就進去用，我不想看說明書，如果我不會用就扔掉。」

這樣一來，大大簡化了阿里巴巴網站中各種功能的使用方法，包括後來的淘寶、支付寶。

馬雲認為多數客戶都是跟他一樣的電腦「菜鳥」，他選擇站在客戶的角度揣摩客戶的心理，這一點使他大獲成功。

故意引發爭論，
在公眾激烈的探討中深入人心

2000年4月24日，在全國飲用水市場排行第三的農夫山泉突然向媒體宣布，經實驗證明純淨水對健康無益，農夫山泉從此不再生產純淨水，而只生產天然水。

農夫山泉的根據是：純淨水純淨得連微量元素都沒有了，而微量元素是人體健康必不可少的。

此言一出，就好像一顆石子投進水裡，立即掀起了陣陣波瀾。眾多純淨水生產廠家紛紛站出來指責農夫山泉的說法是「詆毀純淨水」的「不正當競爭行為」，違反了《不正當競爭法》。5月19日，廣西53家純淨水生產廠家代表匯聚北海，眾口一詞地譴責農夫山泉；5月30日，廣東省瓶裝飲用水專業協會在廣州舉行「安全衛生飲用水保健康」的專題座談會，邀請有關專家和廣東近20家飲用水生產廠家的負責人參加。說是座談會，但會議更像是一次聲討大會，與會人士的發言都是針對農夫山泉的，且頗帶有「檄文」的色彩。

國內最大的飲用水供應商娃哈哈老總宗慶後也憤然質詢天

然水到底是什麼；已坐上水市場老二位置的樂百氏總裁何伯權也有一番激越的言辭：農夫山泉的做法是一種非常不負責任的表現。

面對全國同行的同聲反對，農夫山泉不僅未有所收斂，反而變本加厲。不久，它又推出用意更明顯的廣告：一群小學生在做實驗，分別用純淨水和天然水來養水仙花。幾天後，用天然水養出的水仙花長得更茁壯。最後，實驗得出了這樣的結論：天然水好於純淨水。

農夫山泉還在全國範圍內舉行活動，召集全國小學生參加一項比較實驗：將金魚、大蒜分別放入純淨水與天然水中，然後觀察其存活和發育狀況；分別用這兩種水泡茶，觀察24小時茶色的變化。

農夫山泉宣稱，此舉是為了發動一場飲用水革命，引發人們對科學飲水的探討。它相信，在進行了這場爭論之後，飲用水行業必然出現一種新的平衡，而這種平衡將推動該行業向更加有利於消費者健康的方向發展。

面對著這一場突然發自「水」面的波瀾，新聞媒體自然是不遺餘力地爭相報導。在報導中，同樣加進了一些渲染的成分。很快，事情就演變成一場純淨水和天然水之間的大戰。

事實上，從1999年開始，農夫山泉的傳播主題就漸次地從「農夫山泉有點甜」轉化為「好水何處健康來」，強調水源、水質概念，主訴點強調——千島湖的天然礦泉水。千島

湖，是華東一處著名的山水旅遊風景區，水域面積573平方公里，平均水深34米，透明度可達7米，屬國家一級水體，不經任何處理即可達飲用水標準，具有極高的公眾認同度；而農夫山泉是選取千島湖水面下70米無污染活性水為原料，經先進工藝進行淨化而成。這是農夫山泉的最大資源優勢。

其實，農夫山泉只是宣布自己停止生產純淨水，但潛台詞卻是請其他廠商也停止生產純淨水，乃至整個行業都停止生產純淨水。農夫山泉的炒作，對於生產純淨水的廠家來說，打擊是非常致命的。如果純淨水廠家與農夫山泉較勁，那麼正中農夫山泉下懷。因為農夫山泉在廣告中並沒有特指是哪一家純淨水品牌，而是針對純淨水。這樣的話很難抓住把柄，即使被告上法庭，輸了官司，農夫山泉也高興，因為將有更多的人知道它含有微量元素而不同於純淨水。反之，如果純淨水廠商不理會農夫山泉，甘拜下風，去開發天然水或是別的水，而農夫山泉早已搶先一步站穩腳跟。農夫山泉這一招實在是高。

在「2000年維護純淨水健康發展研討會」的會後，眾純淨水廠家發表了聯合聲明，集體聲討農夫山泉的不正當競爭行為，並準備請求有關部門檢測農夫山泉的水源水質，嚴懲農夫山泉的不正當競爭行為，制止農夫山泉違法生產瓶裝水。

針鋒相對地，農夫山泉方面對純淨水廠家的聯合聲明迅速反應，在當地報紙上刊登廣告，稱將於當日晚8時30分召開記者招待會，廣邀正在杭州採訪以上事件的全國各地新聞媒體

記者,將在會上闡述某些事宜。與此同時,有關法律專家也耐不住寂寞,從法律角度分析農夫山泉的做法,事情越鬧越大。

這正是農夫山泉想要達到的效果,因為農夫山泉發動的這場「水戰」本身就是一場沒有結論的命題,大家反應越激烈,言辭、舉動越過火,新聞追蹤報導的力度越大,農夫山泉就越得意。為了防止眾廠家裝聾作啞、不理會農夫山泉的這個話題,農夫山泉還不遺餘力地去故意挑逗各個純淨水廠家,讓他們表態反對,以把這個事件拖長。時間拖得越長,對於農夫山泉而言,就越有利。為了把事件擴大化,農夫山泉甚至於致函全國食品標準化委員會,限其七日內對天然水的問題給予答覆,否則要「自動進入法律程序」,被標委會斥為「囂張、狂妄」的評價也成了新聞。但農夫山泉卻在消費者心中樹起為民請命的鬥士形象。

在這場非常具有爭議性的炒作中,農夫山泉沒有花一分錢的廣告費,就將農夫山泉的水源概念和天然水的品質深入人心,取得了巨大的行銷效果。

飢餓行銷：
故意製造供不應求的假象

2009年10月，微軟Windows7正式在北京發布。Windows7家庭普通版預售價僅為399元，這也是微軟歷來在華銷售售價最低的Windows作業系統。在鋪天蓋地的宣傳攻勢之後，微軟Windows7在中國迅速熱銷。不過，僅僅上市兩天後，Windows7就出現了「一貨難求」的情況，有錢也買不到。

「我們遭遇了傳說中的『飢餓行銷』。」在各IT論壇上，熱盼Windows7的消費者發洩著自己的無奈。相對於Windows7上市之前長達五個月的宣傳攻勢，正式上市之後卻難覓蹤跡，這一現象讓消費者很難理解。

微軟在接受媒體採訪時，對「飢餓行銷」的說法不置可否。相關負責人表示，正和眾多合作夥伴密切協作，加大供貨力度，確保用戶在第一時間購買和體驗到Windows7。微軟還表態稱，對於準備購買新電腦的客戶，購買預裝正版Windows7作業系統的電腦將是最經濟實惠的。

微軟Windows7有意調低供貨量，以期達到調控供求關

係、製造供不應求「假象」、維持商品較高售價和利潤率的目的。此前，諾基亞對N97就採用了在電視、網站、戶外看板進行大量的輪番廣告轟炸，但嚴格控制發貨數量，給人造成產品供不應求印象的銷售策略，從而讓這款產品一度成為頂級手機的銷量冠軍。

飢餓行銷起源於一個傳說。古代有一位國王吃盡了天下山珍海味，從來不知道什麼是飢餓。所以他變得越來越沒有食慾，每天都很鬱悶。某一天，他外出打獵迷路了。餓了幾天之後終於在森林裡遇到了一戶人家。那家人把家裡唯一的野菜和饅頭煮在一起做了一頓亂燉，國王二話不說，就把鍋裡的菜全部吃光，並將其封為天下第一美味，並把那個山民當成大廚帶回宮裡。然而，等國王回到王宮飽食終日之後，那個山民再給他做菜時他再也不覺得好吃了。這一常識已被聰明的商家廣泛地運用於商品或服務的商業推廣。

這種飢餓行銷不僅僅是大的商家在用，一些聰明的店主也用這種方式極大地促進了商品的銷售。比如，在地安門十字路口有一家京城極負盛名的乾果店，店主陳紅村透過探究民間炒板栗的秘方，精選顆粒最為飽滿的懷柔油栗，用特殊的糖和沙子炒製而成，板栗飄香引來了無數的吃客。在這家面積不到40平方米的小店，顧客們每次起碼要排半小時的隊才能買到。過節時一天就能賣出2,000多斤糖炒栗子，光靠栗子、瓜子等一些乾果竟然一年能賣出五六百萬元。

為此，有吃客在網上發表了總結出的生意經。他認為，這家店之所以出名，不僅僅是板栗大王炒的栗子好吃，更重要的原因是這裡的栗子要排隊才能買到。光是這點，在商品極度豐富的市場上，就很是難得。另外，排隊過程中，顧客可以從玻璃窗外看到在一個單間裡，員工在將壞的栗子從大麻袋中一個個挑出來，這是一個可以親眼看到的「品質控制」流程，想必印象很深。一鍋炒的栗子二十來斤，不是那麼大規模地生產來保證供應，這是典型的市場「飢餓」策略。供應不夠，需求旺盛，就得排隊，越排隊越覺得值。排隊過程很枯燥，他們在賣糖炒栗子之外，還賣炒瓜子，這個可以輕易買到。排隊時很多人買瓜子嗑，瓜子成了衍生服務，銷量不比栗子少，業務自然成長，完成了多元化。排半小時甚至一小時的隊，你肯定煩了。輪到你買，原本買兩斤的，買了四斤，原本買五斤的，買了十斤。顧客不願意吃虧，排了老長的隊，買少了總是覺得虧。前面的買得越多，後面的隊排得越長。

從微軟Windows7和乾果店這兩個案例中我們可以發現，飢餓行銷的操作其實很簡單，即先用令人驚喜的品質和價格，把潛在消費者吸引過來，然後限制供貨量，造成供不應求的熱銷假象，吸引更多源源不斷的消費者。但我們不能忽視的是，飢餓行銷運行自始至終貫穿著「品牌」這個因素。即飢餓行銷的運用必須靠產品強勢的品牌號召力。無論是微軟Windows7還是京城那家乾果店，它們在實行飢餓行銷的時候，都已經有

了自己的品牌。而正是由於有「品牌」這個內在因素，飢餓行銷就成了一把雙刃劍。劍用好了，可以使原本強勢的品牌產生更大的影響，賺取超乎想像的利潤。如果用不好的話，將會給產品的品牌造成傷害，而降低附加值。

　　換一個角度思考，換一種方式努力。

逆轉思維/博文編著. -- 初版. -- 臺北市：春天出版
國際文化有限公司, 2025.05
面 ； 公分. -- (Progress ； 45)
ISBN 978-626-7637-82-1(平裝)

1.CST: 思維方法

176.4 114004276

逆轉思維

Progress 45

編　　著◎博文	總　經　銷◎楨德圖書事業有限公司
總　編　輯◎莊宜勳	地　　　址◎新北市新店區中興路2段196號8樓
主　　編◎鍾靈	電　　　話◎02-8919-3186
出　版　者◎春天出版國際文化有限公司	傳　　　真◎02-8914-5524
地　　　址◎台北市大安區忠孝東路4段303號4樓之1	香港總代理◎一代匯集
電　　　話◎02-7733-4070	地　　　址◎九龍旺角塘尾道64號 龍駒企業大廈10 B&D室
傳　　　真◎02-7733-4069	電　　　話◎852-2783-8102
Ｅ－ｍａｉｌ◎frank.spring@msa.hinet.net	傳　　　真◎852-2396-0050
網　　　址◎http://www.bookspring.com.tw	
部　落　格◎http://blog.pixnet.net/bookspring	
郵政帳號◎19705538	
戶　　　名◎春天出版國際文化有限公司	版權所有‧翻印必究
法律顧問◎蕭顯忠律師事務所	本書如有缺頁破損，敬請寄回更換，謝謝。
出版日期◎二〇二五年五月初版	ISBN 978-626-7637-82-1
定　　　價◎330元	Printed in Taiwan

本作品中文繁體版通過成都天鳶文化傳播有限公司代理，經吉林文
史出版社有限責任公司授予春天出版國際文化有限公司出版獨家發
行，非經書面同意，不得以任何形式，任意重製轉載。